Nancy Beach

Die Kunst,
als Frau zu leiten

Mit einem Vorwort von John Ortberg

Deutsch von Antje Gerner

BRUNNEN
Verlag Giessen · Basel

Die amerikanische Originalausgabe erschien unter dem Titel
„Gifted to Lead: the art of leading as a woman in the church" bei
Zondervan Publishing, Grand Rapids, Michigan, USA.

© 2008 by Nancy Beach

© 2013 Brunnen Verlag Gießen
www.brunnen-verlag.de
Lektorat: Petra Hahn-Lütjen
Umschlagmotiv: Al Buschauer
Umschlaggestaltung: Ralf Simon
Satz: DTP Brunnen
Druck: GGP Media GmbH, Pößneck
ISBN 978-3-7655-1520-0

Für meine Mutter Peggy Lou Moore
und für meine Töchter Samantha Helen
und Johanna Ruth

Vorwort zur deutschen Ausgabe

Rüdiger Jope: Gemeinsam spielen und gewinnen

Gemeinden, die in der Champions League Gottes spielen und für die Meisterschaft Jesu antreten, können es sich nicht leisten, den halben Kader auf der Ersatzbank zu lassen.

Nancy Beachs Plädoyer für ein gleichberechtigtes und gleichwertiges Mannschaftsspiel ist ein wichtiger geistlicher Spielzug. Gemeinden werden gewinnen, aufsteigen und feiern, wenn sie das in Frauen angelegte Stürmer-, Torwart- und Verteidigerpotenzial fürs Nachfolgespiel zu nutzen wissen.

Rüdiger Jope
Redakteur Kirchenmagazin 3E echt. evangelisch. engagiert.

Claudia Filker: Praxiserprobtes – lesefreundlich, erfrischend und befreiend

Frauen, greift zu diesem Buch! Unbedingt! Und auch ihr, liebe Männer! Für euch gibt es sogar ein Extra-Kapitel. Nancy Beach ist eine großartige Mutmacherin für Frauen. Ihre Botschaft sitzt: „Lebe, was Gott in dich hineingelegt hat" und „Frauen, hört auf, euch für eure Talente zu entschuldigen." Ich wünsche Nancy Beachs biografischem Sachbuch viele „ausgebremste" Leserinnen – denn es bringt in Fahrt.

Ganz nebenbei ist dieses lesefreundliche Buch auch noch ein praxiserprobtes Leiterinnen-Handbuch mit netten Details, die nur einer Frau einfallen können. Nancy Beach bedient dabei keine Klischees und legt Frauen auf keine Rollen fest. Denn davon ist Nancy Beach zutiefst überzeugt: „Für die Lebensgestaltung einer Frau gibt es nicht den einen richtigen Weg."

Wahrscheinlich umhüllte mich deshalb beim Lesen dieser erfrischende Geist der Freiheit.

Claudia Filker
Pastorin, Autorin und Kommunikationstrainerin (EPL/KEK)

Dr. Ulrich Wendel: Jesus und Paulus ernst nehmend

Nancy Beach hat den Nachfolgerinnen und Nachfolgern von Jesus ein wichtiges Buch geschenkt. Sie nimmt ernst, dass Jesus und Paulus Frauen als Verantwortungsträgerinnen und Leiterinnen begrüßen. Von da aus geht Nancy Beach aber weiter und zeigt sehr persönlich und ehrlich, wie ein solcher Dienst im Alltag aussieht – in all seiner Schönheit und Herausforderung. Dieses Buch ist wichtig für Frauen und Männer. Frauen ermutigt und inspiriert es. Und uns Männern hilft es, die Frauen in unseren Gemeinden zu verstehen und ihnen den Rücken zu stärken.

Dr. theol. Ulrich Wendel
Redakteur von Faszination Bibel,
Herausgeber der Orientierungsbibel und
Autor von „Führende Frauen in der Bibel"

Ulrike Jooß: Ermutigend, klärend, befreiend

Nancy Beach gibt uns authentisch Einblick in das, was es sie gekostet hat, ihren Weg als Leiterin in einem anspruchsvollen Gemeindeumfeld zu gehen.

Ja, die Vielfalt der Leitungsbegabungen ist eine echte Gabe, auch wenn wir sie oft als Plage wahrnehmen.

Sehr geehrte Damen: Als Frau mit Leitungsgabe können Sie von ihren Erfahrungen stark profitieren – sie wirken ermutigend, klärend und befreiend. Möge Ihre Leitungsgabe, ganz individuell gepaart mit Ihren weiblichen Charakterzügen, voll zur Entfaltung kommen!

Sehr geehrte Herren, lassen Sie sich bereichern durch die andere Sicht, die weibliche Art der Priorisierung und das oft verfeinerte Gespür Ihrer Mitstreiterinnen. Leben Sie den kompletten Leib Christi mit all seinen verschiedenen Gliedern und profitieren Sie von noch ausgewogeneren Entscheidungen und einer noch stärkeren Integrationsfähigkeit der Gemeinde.

Ulrike Jooß
Coach und Beraterin für Führungskräfte, Leadership Partners

Dr. Michael Diener: Ganz Frau, ganz weise, voller Gottvertrauen

Genau *so* muss ein Buch zu dem Reizthema „Frauen leiten und predigen in der Gemeinde" sein.

Irgendwie merke ich die ganze Zeit, dass ich nicht die Zielgruppe Nummer 1 bin, und doch kann ich nicht aufhören weiterzulesen.

Denn das, was Nancy Beach hier zusammengetragen hat, ist ein Schatz. Ein Lebens-Schatz an Erfahrungen, Reflexionen, Geschichten. Und „wie immer" schaffen es „die Amerikaner(innen)", praxisnah, mit guten Beispielgeschichten, mit Ernsthaftigkeit und Humor und mit ganz klaren Rat-Worten, die keine Rat-Schläge sind, Perspektiven zu entwickeln und Mut zu machen.

Dieses Buch setzt sich ganz bewusst nicht mit den exegetischen Fragen um die Rolle der Frau in der Bibel auseinander, sondern setzt eine derartige Kenntnis voraus.

Nancy Beach ist der festen Überzeugung, dass Gottes Wort gilt und dass Frauen es heute in der Rollenfrage anders lesen dürfen, ja sollen und müssen, als das zur Zeit des Paulus war. Ich teile diese Ansicht schon lange.

Wir brauchen leitungs- und predigtbegabte Frauen, die die gottgewollte Polarität der Schöpfung widerspiegeln und „uns gemeinsam so ganz sein" lassen.

Nancy Beach macht Mut, ganz Frau, ganz weise und voller Gottvertrauen zu leiten und zu lehren. Zusammen mit den klugen Anhängen ist dieses Buch ein Knüller!

Und auch wir Männer können viel lernen. Nicht nur in Kapitel 7!

Dr. Michael Diener
Evangelischer Gnadauer Gemeinschaftsverband, Kassel

Inhalt

Vorwort von John Ortberg   11

Ein Zettel in Birmingham   15

   I   Gott hat sich nicht vertan   19

  II   Willkommen im Männerklub   27

 III   Und die Arbeit?   45

 IV   Unterwegs mit den großen Jungs   57

  V   Und dann haben wir ja auch noch Kinder   79

 VI   Die eigene Stimme finden   101

VII   Offener Brief
an männliche Pastoren und Leiter   131

VIII   Ein eigener Stamm von Vertrauten
für den notwendigen Rückhalt   153

Schluss   173

Nachwort: Für meine Töchter   177

Anhang 1: Zusätzliches Material   181

Anhang 2: „Stimme" von Jane Stephens   188

Anhang 3: Frauen und Männer im Leitungsdienst:
Stellungnahme der Willow Creek Community Church   208

Anhang 4: Häufig gestellte Fragen   211

Anmerkungen   222

Über die Autorin   224

9

Vorwort von John Ortberg

Vor fast zwanzig Jahren war ich zum ersten Mal in der Willow Creek Community Church, einer Gemeinde in der Nähe von Chicago. Es war Abendmahlsgottesdienst, und er wurde von einer Frau geleitet: Nancy Beach. Ich hatte in dem riesigen Auditorium einen Platz ganz weit hinten gefunden, aber durch ihre starke Präsenz schien die große Entfernung zur Bühne gar keine Rolle mehr zu spielen. Da war sehr viel Nähe, und Gottes Liebe wurde spürbar und konkret. Die Umsicht, Offenheit und Tiefe dieser mir bis dahin unbekannten Frau berührten mich tief.

Wir wurden Kollegen. Nancy zeigte im Gemeindedienst ein Ausmaß an Führungsqualitäten, das mir vorher so noch nie begegnet war. Sie folgte einem Traum: Kunst in das Bewusstsein der Gemeinde zu rücken und sie zum Lob und zur Anbetung eines künstlerisch hochbegabten Gottes einzusetzen. Zudem besaß sie die Fähigkeit, erfolgreich arbeitende Teams aufzubauen und die Herzen der Menschen zu berühren. Ich erlebte, wie sie Momente schaffte, die das Leben von Menschen veränderten; manchmal von Tausenden, manchmal von kleinen Gruppen von nur fünf oder zehn. Ich sah, wie sie Menschen inspirierte, nicht durch aufgebauschte Emotionen, durch Appelle an den inneren Schweinehund oder durch Verstärkung von Ängsten. Sie zeichnete vielmehr ein Bild der Wunder Gottes und zeigte Potenziale auf, die noch ungenutzt in Menschen schlummerten, die bereit waren, Gott zu dienen. Ich sah, wie sie eine Gruppe von Künstlern zu einer echten Gemeinschaft formte, und Künstler gehören in unserer Welt nicht gerade zu den unkomplizierten Zeitgenossen. Manche von ihnen sind überempfindlich, aber Nancy leitete mit einer Kompetenz und Übersicht, die an sich schon als Kunst bezeichnet werden könnte.

All das geschah in einem männlich dominierten Umfeld.

Meine eigene Überzeugung – wie auch das Leitbild von Willow Creek – lautet, dass in einer Gemeinde, die die Bibel richtig versteht, Frauen und Männer gemeinsam und gleichberechtigt dienen – auf der Grundlage der erhaltenen Geistesgaben und einer Motivation, die den Dienst in den Vordergrund stellt und nicht den Wunsch nach Erfolg oder Anerkennung. Diese Sicht hatte sich allerdings in Leitungskreisen noch lange nicht durchgesetzt, und so konnte ich auch beobachten, wie Nancy, zusätzlich zu den Herausforderungen, die sie sowieso schon zu bewältigen hatte, auch hier so manche Klippe umschiffte. Für mich und viele andere war das eine echte Bereicherung.

Ich glaube, es ist kein Zufall, dass Jesus als erster Rabbi überhaupt Frauen lehrte, ihnen Zugang zu seinen Kreisen verschaffte und ihnen eine bis dahin völlig unbekannte Würde und die Möglichkeit zum aktiven Engagement gab. Im Lukasevangelium lesen wir in Kapitel acht, dass Jesus mit einer Gruppe unterwegs war, zu der neben den zwölf Jüngern auch Frauen gehörten, manche davon mit zweifelhaftem Hintergrund. Das muss man sich einmal vorstellen: Eine Gruppe von Männern und Frauen, die meisten wahrscheinlich Singles, sind gemeinsam von Ort zu Ort unterwegs. Da war Klatsch und Tratsch vorprogrammiert! Aber Jesus wollte unbedingt eine ganz neue Art von Gemeinschaft schaffen, in der Männer und Frauen sich als Brüder und Schwestern begegnen konnten. Deshalb ging er dieses Risiko mutig ein. Und so entstand sie, diese neue Gemeinschaft, in der es „in Christus nicht länger Mann und Frau" gab, und die damit eine Grenze niederriss, die von jeher einen Keil in die Menschheit getrieben hatte.

Dieses Buch will dazu beitragen, der Gemeinde Jesu diese Realität nahezubringen. Nancy schöpft darin aus einem reichen Erfahrungsschatz. Sie weiß, was es heißt, als Mutter von zwei kleinen Kindern einen großen Dienstbereich in der Gemeinde zu leiten und Teil einer landesweiten Bewegung zu sein. Mit diesem Spannungsfeld sollte sich eigentlich auch jeder Vater abmühen müssen, aber Männer ziehen sich hier gerne aus der

Affäre, indem sie – in einem unbiblischen Akt des Verzichts – die Hauptlast der Erziehungsarbeit den Frauen überlassen.

Nancy kennt aus eigenem Erleben die kritische Haltung, die Frauen in Leitungspositionen häufig entgegengebracht wird. Wird sie bei zu „weichen" Reaktionen nicht in die Schublade „keine Durchsetzungskraft" gesteckt? Wird man ihr bei barschen Reaktionen nicht mehr Ablehnung entgegenbringen als einem Mann in derselben Situation? Soll sie in Gesprächen die Geschlechterfrage thematisieren? Oder doch besser nicht?

All diese Überlegungen haben eine ohnehin komplexe Aufgabe noch komplizierter gemacht. Und Nancy hat diesem Umstand sehr kompetent und einfühlsam Rechnung getragen.

Und auch auf folgenden Gedanken werden Sie in diesem Buch stoßen: Der Aufwand lohnt sich. Frauen, die an leitender Stelle in ihrer Gemeinde stehen und manchmal einfach des Kämpfens müde sind, sollen wissen: Ihre Gemeinde braucht Sie!

Eine Gemeinde, die sich auf den Weg in die Zukunft macht, dabei aber die Hälfte ihrer Mitglieder auf der Ersatzbank sitzen lässt, ähnelt einer Armee, die in die Schlacht zieht, dabei aber ihren Soldaten eine Hand auf dem Rücken festbindet.

Und für Männer gilt: Ihr Leben wird eine unglaubliche Bereicherung erfahren, wenn sie sich entschließen, Frauen zu integrieren, ihnen zuzuhören und von ihnen zu lernen. Ehemänner, deren Frauen zum Leitungsdienst begabt sind, sollen wissen, dass ihre Ehe enorm profitieren wird, wenn sie diese Gaben fördern, anstatt sich von ihnen bedroht zu fühlen. Dasselbe gilt für Väter und Töchter. Töchter mit Leitungsgaben brauchen Väter, die diese Gaben als von Gott gegeben anerkennen und fördern.

In meinem Leben spielen zwei Nancys eine Rolle. Die eine (und die wichtigere von beiden!) ist meine Frau. Die andere ist Nancy Beach. Meine Frau und ich empfinden es als großes Geschenk, dass wir Nancy kennenlernen, mit ihr arbeiten und von ihr lernen durften.

Sie werden Sie in diesem Buch ebenfalls kennenlernen, und das freut mich. Durch sie hat Gott uns viel zu sagen. Möge er uns Ohren geben, die hören.

John Ortberg

Ein Zettel in Birmingham

Mit einem Team von Willow Creek war ich 1996 in Birmingham im Bundesstaat Alabama. Einige Pastoren hatten uns zu einer eintägigen Leitungskonferenz eingeladen, und ich hielt dabei eines der Hauptreferate zum Thema Einsatz der Künste im Gottesdienst. Meine Zuhörer waren überwiegend männlich, und mich überkam die leise Ahnung, dass einigen mein „Lehrbeitrag" zu dieser Konferenz nicht recht war. Unmittelbar vorher hatte das Team bei Konferenzen in Europa, Australien und Neuseeland mitgewirkt, aber hier, in meinem eigenen Land, fühlte ich mich sehr viel fremder als im Ausland.

Zu der letzten Konferenzeinheit gehörte ein Frage-und-Antwort-Teil, bei dem Bill Hybels einen Zettel aus seiner Bibel zog und sagte: „Diesen Zettel hat mir vorhin in der Pause eine Frau zugesteckt. Darauf steht: ‚Hilfe. Ich bin ein Leiter, gefangen im Körper einer Frau.'"

Es wurde sehr still im Raum.

Bill fuhr fort: „Ich möchte, dass Nancy Beach dazu etwas sagt."

Ich musste schlucken, und mein Blazer schien plötzlich zu eng und viel zu warm zu sein. Wie konnte mir dieser Mann, der ein guter Freund und mein Pastor war, das antun? Ich fühlte mich doch schon unwohl genug und wollte eigentlich nur noch nach Hause. Und jetzt sollte ich etwas zu der heiklen Frage sagen, wie man in der Gemeinde mit Frauen umgeht, die eine Gabe für den Leitungsdienst haben!

Ich holte tief Luft, schickte ein Stoßgebet zum Himmel und ging nach vorne. In meiner Antwort lag ebenso viel Herz wie Verstand. Ich hatte mich zwar bereits intensiv mit dem Thema „Frauen in leitenden Positionen in der Gemeinde" befasst, trotzdem wollte ich keine rein theologisch begründete Antwort geben. Ich kannte die schwierigen Bibeltexte, um deren Verständnis nach wie vor gerungen wird, aber der Kern meiner

Bemerkungen war in diesem Moment meine tiefe Überzeugung, dass der Heilige Geist Gaben nicht nach Geschlecht verteilt; Frauen wie Männer sollten die Freiheit haben, ihre von Gott gegebenen Gaben und Fähigkeiten in der Ortsgemeinde einzusetzen. Es gab einen Schlüsselmoment, der sowohl bei mir als auch bei den Zuhörern tiefe Emotionen auslöste: als ich die Leiterinnen im Saal direkt ansprach. In der Vollmacht des Heiligen Geistes schaute ich sie direkt an und sagte: „Gott hat keinen Fehler gemacht, als er euch die Gabe der Leitung oder der Lehre gab."

Dieses Buch, das einige Jahre nach dieser Konferenz entstand, erzählt meine Geschichte – auch meine Geschichte zu diesem Satz. Es gibt eine noch sorgfältiger durchdachte Antwort. Aber die tief empfundene Botschaft ist dieselbe. Über das Thema Frauen als Leiterinnen und Lehrerinnen ist bereits viel geschrieben worden, und die entsprechenden Bibeltexte wurden eingehend analysiert und kommentiert. All das ist wichtig, aber meine Absicht mit diesem Buch ist eine andere. Wahrscheinlich erwarten viele Leser eine Verteidigungsschrift, aber ich bin weder Wissenschaftlerin noch Theologin. In Anhang I (Seite 181) empfehle ich einige Bücher, die diese so wichtige Frage aus unterschiedlichen Perspektiven beleuchten. Leiter, die sich mit dieser Lektüre beschäftigen, um eine klare Position zu beziehen, die dann auch formuliert, verteidigt und befürwortet werden kann, sollten sich beim Lesen eine gewisse Offenheit bewahren.

Seit über dreißig Jahren bewege ich mich in dem Spannungsfeld von Leitung und Lehre in der Gemeinde, und es ist mein Wunsch, dass dieses Buch den Weg zum Herzen von Leiterinnen findet und von Männern, die sie besser verstehen wollen. Dieses Ziel war sogar Teil des Schreibprozesses. Immer, wenn ich mich in meinem „Schreibcafé" (ich hatte zwei, in denen ich abwechselnd saß) häuslich eingerichtet hatte, stellte ich mir vor, eine Leiterin säße mir gegenüber, mit der ich mich bei einer Tasse Kaffee über unsere Erfahrungen austauschte. So kamen meine ganz persönlichen Höhepunkte, Niederlagen und Herausforderungen als Leiterin zur Sprache, und ich hoffe, dass sie anderen Frauen zur Ermutigung werden.

Vielleicht gibt es auch Männer, die sich Zeit für dieses Buch nehmen. Das freut mich, denn offensichtlich liegt Ihnen daran, die Frauen in Ihrer Gemeinde, vielleicht auch Ihre Frau oder Ihre Tochter, besser zu verstehen. Ihnen möchte ich besonders Kapitel 7 ans Herz legen, denn das wurde speziell für Sie geschrieben. Sie zeigen Mut, vielen Dank dafür.

Einer meiner Lieblingsfilme ist „Shadowlands – ein Geschenk des Augenblicks", der die Liebesgeschichte zwischen C. S. Lewis und Joy Davidman beschreibt. Darin spricht C. S. Lewis (gespielt von Anthony Hopkins) folgende bewegende Worte: „Wir lesen, damit wir wissen, dass wir nicht allein sind." Wenn dieses Buch bewirkt, dass sich eine Frau, jung oder alt, weniger allein fühlt, dann hat sich die Mühe mehr als gelohnt. Ganz besonders widme ich meine Arbeit der nächsten Generation von Leiterinnen und Lehrerinnen, die noch dabei sind, ihre Identität als Frauen zu entdecken, und die ihre Gaben so gerne in die Ortsgemeinde einbringen und vollständig ausschöpfen wollen, die Gott in sie hineingelegt hat.

Möge dieses Buch Ihnen Ermutigung sein auf Ihrem Weg und deutlich machen, dass andere Ihnen vorangegangen sind. Viele haben es bereits geschafft, und diese Frauen stehen neben Ihnen und feuern Sie an.

Nancy Beach

I

Gott hat sich nicht vertan

Es war einer dieser typischen, feuchtheißen Sommertage in Chicago, und ich stand in roten Shorts und Flip-Flops auf der schmalen Straße, die an die Rückseite unseres Hauses grenzte und starrte in den Garten.

Von hier aus hatte ich einen guten Blick auf die Nachbargrundstücke. Links an der Ecke lag das hellgelbe Haus der Johnsons, rechts wohnte meine beste Freundin Janet. In ihrem Garten – auf dem stets perfekt gemähten Rasen – hatten wir einmal unsere Zirkusmanege aufgebaut, hatten „Fischer, Fischer, welche Fahne weht heute" und „Mutter, Mutter, wie weit darf ich reisen" gespielt. Hier hatte meine laute Stimme (die manche als „rechthaberisch" bezeichneten) die anderen Kinder zusammengerufen, um alle möglichen Abenteuer und Vorführungen zu planen. Aber an diesem Tag Anfang der 1960er war ich alleine, und für eine Zehnjährige, die gerne und viel redet, ungewöhnlich ruhig und nachdenklich. Mir war, als könnte ich mich einen Moment lang von außen betrachten und einen Blick in die Zukunft tun. Meine Zukunft.

Ich möchte anders leben als meine Mutter und all die anderen Mütter hier in der Nachbarschaft. Sie putzen, kümmern sich um ihre Kinder und warten darauf, dass ihr Mann abends vom Büro nach Hause kommt. Ist es falsch, dass ich mir so ein Leben nicht wünsche, obwohl ich doch ein Mädchen bin? Ich liebe meine Mutter, aber ich spüre, dass es für mich etwas ganz anderes geben könnte, und ich will unbedingt herausfinden, was das ist. Ich bin schlau, die anderen Kinder scheinen auf mich zu hören, und ich habe viele Ideen. Ich werde in dieser Welt etwas bewegen. Hundertprozentig!

Dieser Augenblick der Entschlossenheit wurde jäh von Janet unterbrochen, die mich zum Spielen in ihren Garten winkte. Unsere „Planungen" liefen eigentlich immer gleich ab.

Eine fragte: „Was willst du als Nächstes machen?"

Die unvermeidliche Antwort: „Keine Ahnung. Was willst du denn machen?"

Diese unverplante Zeit, in der der nächste Ausbruch von Kreativität immer unmittelbar bevorzustehen schien, war das reinste Glück! Und so nahm ich wieder diesen Rhythmus von Spiel und Spaß auf, der für die heißen und feuchten Sommer meiner Kindheit so typisch war. Aber die Fragen, die in diesem kurzen Moment in mir aufgebrochen waren, bewahrte ich in meinem Herzen.

Heute – Jahrzehnte später – ist mir klar, dass meine Mutter einer Generation angehörte, in der die Rolle der Frau in sehr engen Grenzen festgelegt war, und die nicht ansatzweise die Möglichkeiten hatte, die mir letztendlich offenstehen würden. Meine Mutter war wie alle Frauen in der Nachbarschaft. Sie war zwar keine exzellente Köchin, konnte nicht gut nähen, und unser Haus war nicht immer blitzblank, aber sie schuf für ihre Familie ein liebevolles Heim. Jeden Tag wartete auf meine Geschwister und mich ein leichtes Mittagessen. Gegen den ersten Hunger gab es Tomatensuppe und überbackenen Toast. Während des Essens las meine Mutter uns vor, und oft waren die Geschichten so spannend, dass wir um ein zusätzliches Kapitel bettelten, bevor wir uns dann auf den Weg zum Nachmittagsunterricht machten. Meine Mutter war *immer* da, und erst im Rückblick sehe ich, welchen Ankerpunkt ihre wohltuende Gegenwart in meinem Leben bedeutete.

Sie wuchs während der Weltwirtschaftskrise auf und hat nie eine höhere Schule besucht. 1946 heiratete sie meinen Vater, der im Zweiten Weltkrieg als Pilot gedient hatte. Ihr Weg war von Anfang an festgelegt, und sie tat alles, um den an sie gestellten Erwartungen gerecht zu werden. Mit ihrem gewinnenden Wesen, ihrem unglaublichen Sinn für Humor und ihrer schnellen Auffassungsgabe hätten sich meiner Mutter – wäre sie zu einer anderen Zeit geboren worden – ganz andere Möglichkeiten geboten. Als wir Kinder etwas größer waren, nahm sie eine Stelle im Sekretariat unserer Schule an, bei der sich ihre natürliche Gabe für Verwaltungsarbeit voll entfalten konnte und auch sehr geschätzt wurde. Noch heute besucht sie „ältere" Menschen, obwohl sie schon selbst über achtzig ist! Auf jeder Party ist sie der absolute Mittelpunkt, und zahllose Menschen bezeichnen sie als ihre *Freundin*.

An diesem Sommertag vor vielen Jahren allerdings hatte ich bei meiner Mutter noch keine dieser Gaben entdeckt. Meine Sicht von ihr war sehr beengt, und ich habe mich tatsächlich manchmal gefragt, ob irgendetwas mit mir nicht stimmt, weil ich so gerne andere leitete (obwohl ich dieses Wort dafür nicht benutzte), und weil ich lieber mit meinem Vater ein Footballspiel ansah, anstatt mich bei der Hausarbeit oder beim Sticken zu engagieren. War ich nicht eher ein Junge, und hatte Gott mit dem „Mädchen Nancy" nicht einen Fehler gemacht? Das waren Fragen, die in meiner ansonsten sehr glücklichen Kindheit ständig unter der Oberfläche lauerten.

In der sechsten Klasse wurde ich zur Schulsprecherin gewählt und war damit das erste Mädchen überhaupt auf diesem Posten. Und wieder fragte ich mich, ob das wirklich okay war – ob ich normal war oder nicht doch irgendwie eine Fehlentwicklung. Während meiner Schulzeit zeigte ich in vielen Bereichen gute bis sehr gute Leistungen, spielte Theater, war Captain der Cheerleader und leitende Mitarbeiterin der Jugendgruppe meiner Gemeinde. Egal in welchem Umfeld, mir fiel in jedem Team die Rolle der Leiterin zu. Meine Klassenkameraden wählten mich in den Kategorien *Beste Persönlichkeit* und *Beste Zukunftsaussichten* an die Spitze, was mich gleichzeitig überraschte und freute, denn insgeheim hoffte ich natürlich, dass es möglich sein konnte, erfolgreich und gleichzeitig beliebt zu sein.

Als ich fünfzehn war, stellte unsere kleine evangelische Gemeinde gleich zwei neue Pastoren ein. Dave Holmbo war ein begnadeter Musiker und unglaublich kreativ. Sein Freund Bill Hybels wurde für uns in geistlicher und auch sonstiger Hinsicht zum großen Vorbild.

An guten Abenden waren wir in den Gruppenstunden bis dahin ungefähr fünfzig Jugendliche gewesen. Durch Bills Lehre, Daves schier unerschöpfliche Kreativität und das klare Wirken des Heiligen Geistes kam in dieser kleinen Gruppe etwas in Bewegung – etwas, das den meisten nicht sofort auffiel. Plötzlich war es uns unglaublich wichtig, unsere Freunde mit der verändernden Liebe Jesu bekannt zu machen. Wir beteten, fasteten und fingen an, biblische Wahrheiten in „neuem Gewand" zu vermitteln, relevant, kreativ und ansprechend.

Zwei Jahre später, in meinem letzten Jahr an der Highschool, quetschten sich jede Woche über tausend Jugendliche in die weißen Kirchenbänke. Hunderte bekehrten sich. Wir hatten das Gefühl, Teil eines modernen Wunders zu sein.

Mein ganz persönlicher Teil dieses Wunders war, dass ich lernte, mich anders zu sehen, weil Bill und Dave mich anders sahen. Sie erkannten meine Fähigkeiten und gaben mir die Möglichkeit, sie auszuprobieren. Sie beschrieben mich als Leiterin, als kreative Kraft, als jemanden, der Einfluss auf andere ausüben kann. Meine Gaben wurden nicht nur erkannt, sondern auch konkret benannt, und so wuchsen Selbstverständnis und Selbstvertrauen. Durch Dave konnte ich meine kreative Begabung ausleben, und als Bereich, der zu mir und meinen Gaben ganz besonders passte, kristallisierte sich das Theater heraus. Ich baute ein Team von Schauspielern und Autoren auf und war bald in die Programmplanung für unsere wöchentlichen Treffen mit eingebunden. Bill sprach ganz klar von meinen Leitungsgaben und sah mich als eines der wichtigsten Verbindungsglieder zwischen den Pastoren und der Gruppe.

Irgendwann musste die explosionsartig wachsende Jugendgruppe umstrukturiert werden. Sie sollte in kleinere Gruppen aufgeteilt werden, und Bill und Dave entschieden, dass jede dieser Gruppen einen „Captain" als Leiter haben würde. Bei einer Besprechung sagten sie zu mir: „Nancy, du bist eine starke Leiterin und könntest sicherlich einer dieser Captains sein. Wir glauben aber, dass dies fürs Erste nur Männer sein sollten. Die Mädchen haben wir für eine Leitungsrolle als ‚Sekretärin' vorgesehen (welche Ironie!), und du sollst als Sekretärin einen der schwächeren männlichen Captains unterstützen." So wurde ich „Sekretärin" von Mark, einem Jungen, der gerade erst Christ geworden war und von Leitung so wenig Ahnung hatte, dass er mich bat, für jegliche Art von Ansprache als Ghostwriterin zu fungieren. Hinter Mark war ich die Schattenleiterin der Gruppe. Aber er machte Fortschritte, sein Glaube festigte sich, und er spielt auch heute noch in unserer Gemeinde eine wichtige Rolle.

Ich bin in einer Gemeinde aufgewachsen, in der Frauen nicht öffentlich in Erscheinung traten, außer in Kinder- bzw. Frauengruppen. Die Männer waren *Diakone*, die Frauen sollten ihre diakonischen Gaben, die als ganz selbstverständlich vorausgesetzt wurden, im häuslichen Umfeld ausleben. Damit war Gastfreundschaft gemeint, Begleitung von Trauernden und Engagement in anderen sozialdiakonischen Bereichen. Frauen waren nicht im Leitungsgremium der Gemeinde vertreten und sprachen – mit Ausnahme von organisatorischen Ankündigungen – auch nicht von der Kanzel. Als junge Frau mit einer Leitungsgabe wurde mir damit klar und deutlich vermittelt: Du passt hier nicht hin. Aber ich nahm die Herausforderung an und war wild entschlossen, die beste *Sekretärin* zu werden, die die Jugendgruppe je gesehen hatte. Schließlich startete ich mit einem Theaterteam für unsere Gruppe, und das passte nahtlos zu meiner Liebe für kreative und darstellende Kunst.

Ich machte Pläne fürs College, bereitete mich auf eine Stelle in der freien Wirtschaft und dann auf meinen Universitätsabschluss vor und lernte immer besser das Spannungsfeld kennen, das sich für eine Frau mit Leitungsgaben auftut. Beim Studium und auch bei meiner Arbeitsstelle gab es offenbar nur wenig, was ich nicht hätte erreichen können. Hier spielte das Geschlecht eine zunehmend untergeordnete Rolle.

Meine Zukunft plante ich im Film- und Fernsehgeschäft in der Überzeugung, dass ich durch meinen christlichen Lebensstil in Hollywood etwas für Gott würde bewegen können. Aber während meines Studiums und auch am Anfang meiner Karriere als Produzentin flüsterte eine leise Stimme in mir immer wieder, ob meine Gaben nicht besser in der Gemeinde eingesetzt werden sollten. Als Künstlerin und Leiterin war das in meinem Denken damals nicht einmal ansatzweise eine Option. Für mich war das hauptamtliche Engagement als Künstler in einer Ortsgemeinde nur etwas für diejenigen, die am Broadway oder in Hollywood gescheitert waren. Dazu kam noch das winzige Detail, dass ich eine Frau mit einer offenkundigen Leitungsgabe war. Der Gedanke war einfach lächerlich! In welcher Gemeinde hatte so etwas jemals funktioniert? Ich hatte keine erlebt. *Beste Zukunftsaussichten?* Wohl kaum.

Aber das Flüstern verstummte nicht. Ich machte Examen und heiratete. Kurz nach meiner Hochzeit focht ich auf unserer Terrasse einen langen Kampf mit Gott aus. Ich betete, hielt alle möglichen (und unmöglichen) Optionen in meinem Tagebuch fest und stritt mich mit Gott herum. Und am Ende akzeptierte ich den Gedanken, der für mich so lange ganz unten auf meiner Liste gestanden hatte. Ich nahm eine Vollzeitstelle in der Gemeinde an, die aus der so rasend schnell gewachsenen Jugendgruppe meiner Heimatgemeinde entstanden war: der Willow Creek Community Church.

Mein Titel lautete Programmdirektorin und beschrieb eine völlig neue Position. Ich war verantwortliche Leiterin all jener Dienstbereiche, die mit Kunst zu tun hatten, und damit lag das komplette Programm für die Sonntagsgottesdienste – außer der Predigt – in meiner Hand. Bill Hybels, inzwischen Hauptpastor der Gemeinde, war mein direkter Vorgesetzter, außerdem gehörte ich dem ersten Leitungsteam von Willow Creek an. Damit hatte meine Reise als weibliche Leiterin in der Gemeinde offiziell begonnen.

Seit jenem Sommertag, als das kleine Mädchen einen Blick in ihre Zukunft tat, ist viel Zeit vergangen. Manchmal wünschte ich, ich könnte zurückreisen zu jenem Tag. Ich würde mich neben das Mädchen setzen, das ich damals war, würde ihr in die blauen Augen schauen, in denen sich Hoffnung und Ungewissheit die Waage halten, und würde sagen:

Nancy Lee, Gott hat keinen Fehler gemacht, als er dich schuf. Als im Himmel die Gaben verteilt wurden, haben die Engel nicht gesagt: „Stopp!!! Das ist ja ein Mädchen – der können wir unmöglich die Gabe der Leitung geben!" In 1. Korinther 12 steht, dass der Heilige Geist die Gaben so verteilt, wie er es möchte. Jeder deiner Gaben, Nancy, ist das Geschenk eines liebenden Vaters, der dich schon im Mutterleib gebildet und ausgestattet hat. Er findet gut, wie du geworden bist. Du bist kein Produkt des Zufalls oder weniger weiblich, nur weil du gerne leitest, klug bist und viele Träume und Ziele hast. All diese Träume hat dein Schöpfer in dich hineingelegt, ebenso deine natürliche Gabe zu leiten und deinen leidenschaftlichen Wunsch, in dieser Welt etwas zu bewegen.

In deiner Gemeinde siehst du keine Frauen in leitenden Positionen. Aber das bedeutet noch lange nicht, dass Gott das nicht will. Und eines muss dir ganz klar sein: Eines Tages wird man dich fragen, was du mit den dir anvertrauten Gaben getan und wie du sie in deinem Leben eingesetzt hast. Da wird die Entschuldigung „Ich bin ja nur eine Frau" nicht gelten. Du hast die Gabe der Leitung.

Gib also nicht auf. Vor dir liegt ein Abenteuer, das du dir heute noch nicht einmal ansatzweise vorstellen kannst. Das wird kein leichter Weg. Manchmal wirst du Angst haben und dich sehr einsam fühlen. Du wirst dich fragen, ob sich die Mühe wirklich lohnt. Aber Gott wird dich niemals verlassen. Er hat einen Plan für deine Zukunft – und eine Hoffnung. Verlass dich ganz auf ihn und ignoriere nie die leise Stimme, durch die er in deinem Inneren zu dir spricht. Und vor allem – genieß es!

Sollten Sie eine Frau in einer Leitungsposition sein, lesen Sie bitte diese drei Abschnitte noch einmal, aber ersetzen Sie meinen Namen durch Ihren. Ich glaube nämlich, dass unser Schöpfer für Sie genau dieselbe Botschaft hat. Sie sind *kein* Fehler. Ich bete dafür, dass Sie sich ganz einlassen können auf das gefährliche und atemberaubende Abenteuer, an leitender Position einen Beitrag für das Reich Gottes zu leisten. Und ich hoffe, dass Sie, so wie ich, die Freude dabei nicht aus den Augen verlieren.

Willkommen im Männerklub

Vier Augenpaare starren mich an. Rory, Tom, Judson und Joel. Ich bin Willow Creeks „Programmdirektorin" (der Titel ist eine Idee meines Pastors), und diese vier sind mein erstes Team von hauptamtlichen Mitarbeitern. Ich soll mit diesem Team und vielen ehrenamtlichen Mitarbeitern das Programm für die Gottesdienste planen und auch umsetzen. Eine weibliche Vorgesetzte ist für die vier eine absolute Neuheit. Wir haben alle bereits jahrelang ehrenamtlich mitgearbeitet, aber jetzt bin ich ihre Chefin, und das ist etwas völlig anderes. Die erste Teambesprechung steht an, und mir ist klar, dass ein guter Start mehr als wichtig ist.

Ich hole tief Luft und entschließe mich zu einem eher zwanglosen Gesprächsbeginn mit einfachen Fragen wie: „Wie war euer Wochenende?" „Habt ihr etwas Schönes unternommen?" „Wie geht es euren Familien?" Als sie merken, dass ich nicht sofort mit dem ersten Punkt auf der Tagesordnung starte, entspannen sie sich und lassen sich auf das Gespräch ein. Und auch ich erzähle von meinem Wochenende, wie mein Mann Warren und ich vergeblich versucht haben, den defekten Duschkopf auszutauschen bzw. das kaputte Dach zu reparieren. Damit ist das Eis gebrochen, denn die meisten Künstler hören gerne von anderen Männern, die auch nicht gerade geborene Handwerker sind – ja, die oft noch nicht einmal einen eigenen Werkzeugkasten besitzen. Und so begann unser gemeinsamer Weg.

Während wir lernten, unsere Aufgaben in Angriff zu nehmen und abzuarbeiten, wurden wir Freunde. Das Team wuchs. Irgendwann gehörten acht Männer dazu, die sich – in Anspielung auf meinen Nachnamen – die „Beach Boys" nannten.

Zu dem Zeitpunkt war ich siebenundzwanzig und im Hinblick auf eine offizielle Leitungsposition noch relativ unerfahren. Aber so viel wusste ich: Ein guter Start ist entscheidend, und man muss Beziehungen aufbauen, die von gegenseitigem Respekt und Vertrauen geprägt sind. Da mir schnell klar war, wie viel ich noch zu lernen hatte, stellte ich immer viele Fragen und zapfte damit sozusagen das Fachwissen meines Teams an. Von Rory und Tom lernte ich viel über Musik; mit Judson versuchte ich, eine „Theaterphilosophie" für Gemeinden zu entwickeln; Joel unterstützte mich bei meinem größten Schwachpunkt – der Technik.

Ich war noch nicht lange Programmdirektorin, als ich auch Mitglied des Leitungsteams wurde. Die Gruppe bestand aus den vier Leitern der verschiedenen Dienstbereiche in der Gemeinde und unterstand direkt Bill Hybels. Ich war die einzige Frau. Mit diesen Kollegen musste ich nun Strategien entwerfen, zusammenarbeiten und faires Streiten lernen. Keiner hatte jemals vorher so eng mit einer weiblichen Leiterin zusammengearbeitet. Jeden Dienstag quetschten wir uns in Bills Auto und fuhren zum Mittagessen in ein nahe gelegenes Restaurant. Dort saßen wir in einer ruhigen Ecke und besprachen Gemeindeangelegenheiten. Noch heute weiß ich genau, was jeder Einzelne bestellt hat – es war jeden Dienstag dasselbe. Nach einigen Jahren kam eine weitere Frau dazu, im Laufe der Zeit dann noch einige andere.

Jahrzehnte später ging ich in einen imposanten Konferenzsaal. Kernstück des Raumes war ein großer Holztisch, um den etwa zwanzig bequeme „Chefsessel" gruppiert waren. Man hatte mich gebeten, in das Leitungsteam der Willow Creek Association einzusteigen. Als ich mit meinem Stuhl an den Tisch rückte, musste ich denken: „Nun geht es also wieder von vorne los." Ich bin das erste weibliche Mitglied in einem Gremium, das seit fünfzehn Jahren besteht.

In dem Moment trifft es mich wie ein Blitz: In jedem Leitungsteam, dem ich bisher angehört habe, fühlte ich mich immer wie das Experiment, die Ausnahme, die Einzige, die hin und wieder einen Rock trug und die eigentlich nicht in den Männerklub gehörte. So oder ähnlich muss sich jeder fühlen, der in einem Kreis von Leitern einer Minderheit angehört, sei es nun wegen der Rasse, des Alters oder des Geschlechts.

Ich vermute, dass viele Frauen diese Erfahrung mit mir teilen. Fühlen Sie sich manchmal auch alleine, wenn Sie für Ihre Gemeinde oder Ihr Unternehmen neue Wege einschlagen – als erste Frau in ihrer Position? Überrascht es Sie, dass Sie zu manchen Sitzungen gar nicht erst eingeladen werden oder man Ihnen aufgrund Ihres Geschlechts manches von vornherein nicht zutraut? Ich habe genug Telefongespräche und Unterhaltungen geführt, habe genug E-Mails bekommen von Frauen, die in Gemeinden Leitungsverantwortung tragen, um zu wissen, dass ich mit meinen Erfahrungen nicht alleine stehe.

Von der Last, eine Ikone zu sein

Vor Kurzem habe ich etwas Erstaunliches gelesen. Henry Louis Gates jr., Leiter des Instituts für afro-amerikanische Studien der Universität Harvard, berichtet sehr packend von seinen Erfahrungen, in vielen Gremien und Situationen der einzige Schwarze gewesen zu sein. Er spricht dabei von der „Last, eine Ikone zu sein". Die Worte schienen mich förmlich anzuspringen, und ich konnte nur denken: „Genau! So fühlt sich das an!" Viele, die sich als Minderheit in einer Mehrheit bewegen, empfinden es als Last, die eigene Rasse bzw. das eigene Geschlecht ganz allein und dennoch ansprechend vertreten zu müssen.[1]

Ich habe mich erst während einer sechsmonatigen Auszeit

ganz bewusst mit diesem Druck auseinandergesetzt, den mir mein „Ikonendasein" auferlegt hatte. Ich hatte Zeit auszuruhen, die inneren Wunden zu versorgen und Gott ganz ohne Hektik zu fragen, wie es mit meinem Dienst in der Gemeinde weitergehen sollte. Mit Unterstützung eines erfahrenen Seelsorgers und durch intensives Tagebuchschreiben konnte ich schwierige Erlebnisse verarbeiten. Es ließ sich nicht länger leugnen: Ich trug schon sehr lange eine schwere Last mit mir herum. Mir war von Anfang an klar gewesen, wie mein Umfeld reagieren würde, sollte ich beruflich, privat oder auf anderem Gebiet versagen: „Siehst du! Das kommt davon, wenn man Frauen eine leitende Position in der Gemeinde überlässt." So war ich quasi gezwungen, für all die Frauen, die nach mir kommen würden, ein starkes Vorbild zu sein und zu hoffen, dass sie es vielleicht ein bisschen einfacher haben würden. Das war mit erheblichem Stress verbunden, und erst als ich mir das eingestand, konnte ich meinen Weg etwas objektiver betrachten, die selbstgewählte Isolation verlassen und Möglichkeiten suchen und nutzen, meine Geschichte zu erzählen und offen über diese Last zu sprechen.

Häufig fühlte ich mich als Einzelkämpferin, und dieses Gefühl kam hauptsächlich daher, dass mir für die alltäglichen Herausforderungen die Vorbilder fehlten. Anfang der 1980er Jahre gab es zwar schon relativ viele hauptamtliche Mitarbeiterinnen bei Willow, allerdings keine in einer Leitungsposition. Im Ältestenteam waren zwar zwei Frauen, da ich aber an den entsprechenden Treffen nicht teilnahm, konnte ich auch nicht beobachten, wie sie sich in dieser Rolle verhielten. Jeden Morgen schwirrte mir auf dem Weg ins Büro bereits der Kopf von all den Herausforderungen, die mit dem Aufbau des künstlerischen Dienstbereichs einhergingen. Ich war damit beschäftigt, unser Team zu vergrößern und ein ansprechendes Programm für die Gottesdienste zu entwerfen, und so schienen detaillierte Überlegungen zu meiner Rolle als erste Frau im Leitungsteam ein Luxus zu sein, den ich mir damals nicht erlaubte.

Charakter gefragt

Im Rückblick erkenne ich, wie unglaublich gnädig Gott in diesen prägenden Jahren im Leitungsdienst gewesen ist. Obwohl ich mich alleingelassen fühlte und andere Frauen als Mentorinnen mir nicht zur Verfügung standen, hat mein Schöpfer mich mit gewissen Instinkten ausgestattet, und so wurde ich vor so mancher Falle bewahrt, in die ich auf meinem Weg in den „Männerklub" leicht hätte tappen können. Der wichtigste war ein intuitives Gespür dafür, dass bei allem Bemühen, meine Aufgaben und den Umgang mit Mitarbeitern professionell zu gestalten, letzten Endes mein Charakter entscheidend sein würde. Normalerweise verbinden wir mit dem Begriff *Charakter* Eigenschaften wie Ehrlichkeit, Vertrauenswürdigkeit und Ethik. Ich verbinde damit allerdings noch sehr viel mehr, so wie Henry Cloud es in seinem Buch *Charakter gefragt* aufzeigt. Er betont: „Ob mit Intelligenz, Talent, Kompetenz, Energie, Bemühen, Durchsetzungsvermögen und Möglichkeiten Erfolge erzielt werden, hängt letztendlich davon ab, wer und wie die Person ist, die all dies einsetzt."[2] Bei Charakter geht es um die Schattenseite des Leitungsdienstes: Wer wir sind, wenn uns niemand sieht *und* wie wir mit anderen umgehen.

Dieses weiter gefasste Verständnis von Charakter mag fremd erscheinen, daher will ich es an einem Beispiel näher erläutern. Marlinda Ireland ist Pastorin in New Jersey. Sie arbeitet in der Christ Church in Montclair und leitet dort den Dienstbereich Kunst. Als ich sie kennenlernte, beeindruckten mich besonders ihre Besonnenheit und geistliche Reife, ihre Intelligenz und ihre Redegewandtheit. Seitdem waren wir häufig als Referentinnen auf denselben Konferenzen, haben telefoniert und uns über E-Mails ausgetauscht. Aber erst vor Kurzem konnte ich sie in ihrem „Heimatrevier" erleben, konnte sehen, wie sie mit den Künstlern in ihrer Gemeinde umgeht. Dadurch festigte sich der Eindruck, den ich von Marlinda sowieso schon hatte, dass sie nämlich einen starken Charakter hat. Ich beobachtete, wie warmherzig sie ihrem Team Anweisungen gab, wie oft sie ermutigte, wie aufmerksam sie eingebrachten Ideen zuhörte und wie sorgfältig sie Entscheidungen abwog. Über einen Zeitraum von vielen Jahren hinweg hat sie in Beziehungen investiert und damit eine Kultur geschaffen, die deutlicher Spiegel ihres Charakters ist. Der Umgang eines Menschen mit anderen und unser grundlegendes Verständnis von Charakter können nicht getrennt betrachtet werden.

In den letzten Jahren ist viel geschrieben worden zum Thema emotionale und Beziehungsintelligenz am Arbeitsplatz. Studien belegen, dass entsprechende Fähigkeiten für langfristige Erfolge viel entscheidender sind als alle anderen Charaktereigenschaften zusammen. Auch wenn wir uns das anders wünschen würden, lautet die dahinterstehende Wahrheit doch: Leiter werden eher unterstützt und ernst genommen, wenn sie auch sympathisch sind. Wenn sie vertrauenswürdig sind, warm und eine freundliche Atmosphäre schaffen. Das gilt für Frauen wie für Männer.

Bei der Frage des Charakters möchte ich Ihnen vier entscheidende Eigenschaften ans Herz legen: Demut, Selbstvertrauen, Humor und Integrität.

Demut

Lange Zeit dachte ich, Demut meine die ständige Abwertung der eigenen Gaben mit dem deutlichen Hinweis darauf, dass sowieso alles Gottes Werk ist, resultierend in einem entsprechend niedrigen Selbstwertgefühl. Die Bibel allerdings vermittelt ein ganz anderes Bild. Demut heißt, sich selbst mit nüchternem Blick zu betrachten und nicht so mit sich selbst beschäftigt zu sein, dass Gott sowie der nicht zu unterschätzende Wert und Anteil anderer überhaupt keine Rolle mehr spielen. Eugene Peterson hat sehr ansprechend formuliert, wie Paulus diese Sache sieht: „Drängt euch nicht in den Vordergrund; bahnt euch nicht durch Süßholzraspeln den Weg nach ganz oben … denkt nicht immer nur an euren eigenen Vorteil" (Philipper 2,3, nach „The Message").

Wir alle erkennen Stolz, wenn er uns begegnet. Stolze Leiter distanzieren sich von anderen, indem sie sich – subtil oder ganz offen – als den absoluten Mittelpunkt darstellen. Bei Leiterinnen zeigt sich Stolz anders. Sie wollen sich beweisen, wollen beachtet werden bzw. für jede noch so kleine Idee Anerkennung einheimsen. Fühle ich Stolz in mir aufsteigen, mache ich mich umgehend auf die Suche nach der Ursache dieses Gefühls. Sie liegt meist darin, dass Wunder und Majestät Gottes nur unzureichend gesehen und Gnade und Segen als selbstverständlich hingenommen werden. Zu echter Demut finde ich, wenn die in der Bibel vermittelte Wahrheit über Gott Grundlage meines Lebens ist und ich dadurch auch meine Position als sein Kind genau einordnen kann.

Mehr als jeder andere hätte König Salomo Grund gehabt, stolz auf sich zu sein. Er war reich und verfügte über unglaublichen Einfluss und große Macht. Gott will ihm einen Wunsch erfüllen, und Salomo bittet um Weisheit. Jedes Mal wieder bin ich bewegt, wenn ich lese, was er zu Gott sagt: „Ich … bin noch jung und unerfahren. Ich weiß nicht, wie ich diese große Aufgabe bewältigen soll … Gib mir ein Herz, das auf dich hört, damit ich gerechte Urteile fälle und zwischen Recht und Unrecht unterscheiden kann" (1. Könige 3,7-9). Salomo sieht sich zuallererst als jungen und unerfahrenen Mann, der die leitende Hand seines himmlischen Vaters mehr braucht als alles andere. Demut ist die natürliche Folge dieser Sicht auf uns selbst.

Wenn alles gut läuft, die Arbeit Fortschritte macht und alles in die richtige Richtung zu gehen scheint, werde auch ich ein bisschen stolz – das muss ich ehrlich zugeben. In mir wächst die innere Überzeugung, dass ich an der Frucht, die sich zeigt, weit mehr Anteil habe, als tatsächlich der Fall ist. Normalerweise kommt aber auch gleich ein Weckruf. Zum Beispiel vor einigen Jahren, als die Teilnehmerzahlen bei einer Konferenz, die ich geplant und auch geleitet hatte, hinter den Erwartungen zurückblieben. Ich war tief enttäuscht und fühlte mich, als hätte ich persönlich versagt. In solchen Momenten fängt der Stolz an zu wanken, und wir sehen uns wieder mit den Augen Salomos – als *unerfahrenes Kind.* Unabhängig von Erfolg oder Misserfolg meiner Arbeit möchte ich demütig sein, und doch weiß ich, dass ich mich mehr auf Gott verlasse, wenn ich verzweifelt und am Ende bin. Ich lerne, Erfolg nicht meinen Fähigkeiten zuzuschreiben, sondern darin die Gnade und Fürsorge Gottes zu sehen und ihm – als einzig logische Konsequenz – Lob und Dank zu bringen.

Selbstvertrauen

Demut gepaart mit Selbstvertrauen scheint für viele christliche Leiter ein Widerspruch zu sein. Ich glaube allerdings, dass auch das mit unserem falschen Bild von wahrer Demut zusammenhängt.

Leiter sollen besonnen und mutig leiten, besonders wenn es darum geht, eine Vision zu vermitteln und Menschen zu inspirieren. Biblische Frauengestalten wie Miriam, Esther, Debora und Priscilla, die alle eine leitende Rolle innehatten, konnten mit Gottes Hilfe Selbstvertrauen zeigen und damit Großes bewegen. Niemand folgt gerne einem Leiter, der nur zögerlich agiert und Entscheidungen oder Standpunkte permanent infrage stellt.

Als Leiterin des Dienstbereiches Kunst musste ich täglich unzählige Entscheidungen treffen. Manchmal hätte ich sie lieber noch etwas aufgeschoben, hätte lieber noch mehr Informationen eingeholt oder die Verantwortung an jemand anderen abgegeben, anstatt Mut zu beweisen und zur richtigen Zeit den nötigen Schritt zu gehen, auch wenn er sich im Nachhinein als falsch herausstellt.

Viele Leiterinnen, die ihre Aufgaben mit viel Selbstvertrauen erledigen, befürchten, zu ehrgeizig oder zu machtbewusst zu werden. Ich habe mich selbst oft gefragt, ob der richtige „heilige Ehrgeiz", also der Wunsch zu leiten und dadurch etwas zu bewegen, mich wohl arrogant machen würde. Kann es vielleicht sein, dass dieses Dilemma in christlichen Kreisen besonders ausgeprägt ist? Wie oft wird eine nach biblischen Grundsätzen lebende Frau beschrieben als freundlich, gehorsam, ruhig, liebevoll und zufrieden mit einem Dienst im Hintergrund. All das sind natürlich wunderbare Charaktereigenschaften, aber einige Frauen haben eine starke Persönlichkeit mitbekommen, andere sind alles andere als ruhig!

Ich telefoniere häufig mit Frauen, die in anderen Gemeinden leitende Positionen einnehmen. Eine von ihnen ist Jayne Post, zu Beginn unseres Kontakts neu ernannte Leiterin des Dienstbereichs Evangelisation in ihrer Gemeinde in Las Vegas; sie ist außerdem professionelle Referentin und Schauspielerin. Ihre extrovertierte, energiegeladene Art fällt sofort auf. Wenn Jayne einen Raum betritt, geht es richtig rund! Sie ist eine mutige, starke Leiterin, die ihr Team dazu inspiriert, den Maßstab noch ein wenig höher zu setzen und schwierige Probleme unerschrocken anzugehen.

Bei unseren Telefonaten merke ich, dass sie sich in ihrer neuen Rolle erst noch zurechtfinden muss. Sie bemüht sich, auf die Erwartungen der männlichen Leiter einzugehen, die ihr diese neue Möglichkeit eröffnet haben, allerdings ist sie nicht bereit, sich dafür zu verbiegen. Und sie fragt sich manchmal, ob sie jemals wirklich in einen Gemeindekontext passen wird. Außerhalb der Gemeinde wird ihr Selbstvertrauen als positive Eigenschaft gesehen. In der Gemeinde ist man sich da nicht so sicher.

Bei Männern gelten bestimmte Verhaltensweisen als *Durchsetzungsvermögen*. Zeigen Frauen dasselbe Verhalten, hält man sie für *aggressiv* – oder Schlimmeres. Jayne versucht, in ihrem Männerklub sie selbst zu bleiben, und ich ermutige sie dazu herumzuexperimentieren, Rückmeldungen von ihr wohlgesonnenen Kollegen einzuholen und der Versuchung zu widerstehen, ihre Persönlichkeit zu verändern, nur um einem von anderen übergestülpten Bild zu entsprechen. Sie weiß, dass sie auf ihre ganz eigene Art den Weg bereitet für Frauen, die nach ihr kommen werden.

Viele Leiterinnen entschuldigen sich für ihre Leidenschaft und ihre Ziele und wirken dadurch bei Entscheidungen unsicher und zögerlich. Das gilt nicht nur innerhalb, sondern auch außerhalb von Gemeinden. Die Schauspielerin Amy Poehler, eine der wenigen Frauen im Kreativteam für die US-amerikanische Comedy-Show *Saturday Night Live*, sagte dazu: „Frauen, die sich für eine Karriere als Regisseurin, Produzentin oder Drehbuchautorin entscheiden, werden oft als dreist angesehen, und das wird ihnen auch deutlich vermittelt. Uns wird eingeredet, wir würden zu viel Raum einnehmen."[3]

Wir müssen aufhören, uns für unsere Talente und sich ergebende Möglichkeiten zu entschuldigen! Wir nehmen nicht zu viel Raum ein, wenn wir der Berufung Gottes folgen – einer Berufung, die vielleicht von uns fordert, dass wir über unseren Schatten springen, tief Luft holen und einfach anfangen zu leiten.

Finde ich mich in einer Situation wieder, in der ich es überwiegend mit Männern zu tun habe, muss ich mir meist erst einmal klarmachen, dass ich durchaus in dieses Umfeld gehöre. Vor kurzem war ich zu einem Abendessen mit lauter männlichen Pastoren eingeladen, einige davon sogar ziemlich prominent. Ich war die einzige Frau, die nicht zur Riege der ebenfalls anwesenden Sekretärinnen gehörte. Zuerst war ich etwas eingeschüchtert und fühlte mich fehl am Platz. Aber dann sagte ich mir: „*Unterhalte dich einfach mit ihnen und versuch nicht, sie zu beeindrucken. Du wurdest hierher eingeladen, sei also ganz du selbst und lass den Gesprächen ihren Lauf. Bring deine Erfahrung mit ein und achte darauf, ob du vielleicht etwas lernen kannst.*" Letztendlich habe ich mich nicht kleingemacht mir eingeredet, ich sei nicht willkommen, sondern habe sowohl das Essen wie auch die interessanten Gespräche sehr genossen.

Man kann demütig *und* gleichzeitig selbstsicher sein. Gott

hat Mann und Frau mit Talent und Intelligenz ausgestattet, und er erwartet von uns, dass wir diese Gaben auch unerschrocken einsetzen. Mit einem fest auf ihn gerichteten Blick sollen wir unseren Weg gehen, und leiten sollen wir mit der Intensität, Vision und Begeisterung, die er schenkt. Und sollten wir uns in einem Umfeld wiederfinden, in dem selbstsicher agierende Frauen eher die Ausnahme als die Regel sind, müssen wir uns bemühen, auf gute Art mit der Spannung umzugehen zwischen Mut und Anmut, Durchsetzungskraft und Zusammenarbeit, Stärke und Verletzlichkeit.

Humor

Auf meinem Weg als leitende Mitarbeiterin in der Gemeinde war der Humor stets mein stärkster Verbündeter. Oft nehmen wir uns selbst und unsere Lage so ernst, dass wir völlig den Spaß und den Entdeckergeist vergessen, die die Arbeit in der Gemeinde zur Freude und nicht zum ständigen Kampf machen. Unzählige Male habe ich mit meinen Kollegen gelacht, bis uns die Tränen kamen. Sie wissen, dass ich leicht über mich selbst lachen kann, einfach weil ich viele Fehler mache und Dinge dabei herauskommen, über die man einfach lachen muss.

Vor etwa einem Jahr kam ich wieder einmal neu in ein rein männliches Team. Die vier Mitarbeiter leisteten seit Jahren eine sehr effektive Arbeit und waren für ihre engen, von gegenseitigem Vertrauen und Respekt geprägten Beziehungen bekannt. Mir war klar, welches Risiko sie damit eingingen, mir Zugang zu ihrem Kreis zu gewähren, in dem sie sich doch schon so lange so wohlfühlten. Nach einigen Wochen hatten wir einen Termin außerhalb von Chicago, zu dem wir eineinhalb Stunden mit dem Auto unterwegs waren. Der Termin verlief nicht ganz problemlos, und auf dem Rückweg sorgten einige dieser Probleme für Heiterkeit. Ich spürte förmlich, wie dieses gemeinsame Erleben große Wärme und Herzlichkeit schuf.

Dann ging ich aufs Ganze. Ich erzählte den Männern eine lustige Geschichte aus der Zeit, als mein Mann und ich noch befreundet waren, und die sehr deutlich zeigt, wie leicht ich mich durch falschen Sprachgebrauch in peinliche Situationen bringen kann.

Meine Kollegen brachen in lautes Gelächter aus, und ich konnte förmlich spüren, wie einige der zwischen uns immer noch vorhandenen Mauern einstürzten – so wie es häufig ist, wenn Humor ins Spiel kommt. Machen Sie sich locker und seien Sie bereit, über sich selbst und gemeinsam mit Kollegen zu lachen – das macht die Last leichter und den Gemeindedienst sehr viel fröhlicher.

Integrität

In seinem Buch *Charakter gefragt* erinnert uns Henry Cloud daran, dass jeder Leiter, jede Leiterin eine Heckwelle hinterlässt, so wie ein Boot, das durchs Wasser gleitet. Die Frage ist, welche Art von Heckwelle bzw. Vermächtnis wir hinterlassen. Cloud fragt: „Würden die, die wir leiten, sagen, dass die Spuren, die wir durch das gemeinsame Erleben in ihrem Leben hinterlassen haben, für sie zum Vorteil oder zum Nachteil waren?"

Letztendlich wird die Integrität eines Leiters entscheidend sein. Wachsen in unserem Leben die Früchte des Geistes – Liebe, Freundlichkeit, Freude, Ehrlichkeit, Weisheit etc. –, und werden wir Jesus so immer ähnlicher? Sind wir bereit, uns mit den manchmal auch unangenehmen Wahrheiten über uns und unseren Dienst ernsthaft auseinanderzusetzen? Es mag nicht fair erscheinen, aber in Charakterfragen werden Frauen teilweise sehr viel genauer beobachtet als Männer, und wir müssen sehr auf unsere Persönlichkeit achten, um bei dieser Beobachtung zu bestehen.

Ich muss mich regelmäßig fragen: Wer bin ich, wenn mich

niemand sieht? Wie bin ich, wenn ich mit meiner Familie zusammen bin? Wie entscheide ich, wenn eine abfällige Bemerkung über einen anderen Leiter mich in ein besseres Licht rücken könnte? Wie, wenn ich vor der Frage stehe, ob ich mich um meine Nachbarin kümmere oder mich doch lieber ins Haus zurückziehe? Wenn ich mir Gedanken über unsere Finanzen mache? Wie, wenn in einer Besprechung Unstimmigkeiten auftauchen? Die Antworten auf all diese Fragen sind die wahre Bewährungsprobe für meinen Charakter. Solche Augenblicke entscheiden über die Heckwelle: Zeigt sie Integrität oder einen schwachen, egozentrischen Charakter?

Wenn ich so leben will, wie es Gott gefällt – und da kann Charakter nicht außen vor bleiben –, muss ich geistliche Disziplinen einüben, die zu mir passen (für mich ist da Stille und Einsamkeit sehr wichtig) und lernen, auf die ehrlichen Rückmeldungen guter Freunde zu hören. Hoch qualifizierte Leitungskompetenz und Naturtalent können niemals einen Mangel an Integrität wettmachen.

Sicherlich hat jeder von uns einen Leiter vor Augen, der aufgrund bestimmter Charakterschwächen sein Potenzial nie voll ausschöpfen konnte. Bei meiner ersten Stelle nach dem College hatte ich einen Vorgesetzten, der im Bereich Unternehmenskommunikation absolut brillant war. In einer hoch angesehenen Steuerberatungskanzlei hatte er eine Abteilung aufgebaut, die in Bezug auf Personal, finanzielle Ausstattung und Ergebnisse absolut hervorragend war. Aber niemand arbeitete gerne für diesen Mann. Jeder hatte Angst vor ihm, und die Beziehungen in dieser Abteilung waren völlig zerrüttet, unehrlich und ein Hemmschuh für jegliche Freude, Freiheit und Kreativität. Gesprochen wurde darüber allerdings nicht. Irgendwann erfuhr trotzdem die Vorstandsebene von den Zuständen und stellte einen teuren Berater ein, der die Situation bewerten und Veränderungen vorschlagen sollte.

Dieser Berater sprach mit jedem Angestellten persönlich mit der Zusicherung, dass alle Äußerungen anonym bleiben würden. Nie werde ich den Tag vergessen als sich die gesamte Abteilung an einem neutralen Ort traf und unser Chef an den Wänden entlangging, wo sämtliche Kommentare seiner Mitarbeiter schwarz auf weiß zu lesen waren.

Er hat dann seinen renommierten Job verloren – nicht wegen fachlicher Unfähigkeit, sondern wegen Mangel an Charakter.

Wenn Sie langfristig effizient arbeiten wollen, müssen Sie das Hauptaugenmerk auf Demut, Selbstvertrauen, Humor und Integrität legen. Wenn diese Eigenschaften bei Ihnen erkennbar sind, werden Männer und Frauen Ihnen bereitwillig folgen.

Zwangsläufig bei jeder Aufgabe auftretende Fehler werden sehr viel gnädiger betrachtet und sehr viel bereitwilliger korrigiert, und dann macht man sich wieder gemeinsam auf den Weg. In Fragen des Charakters sollten Sie sich niemals etwas vormachen oder nachlässig werden.

Für alle, die noch nicht in den Männerklub eingeladen sind

Einige Leserinnen werden dieses Kapitel sicherlich mit einem Kloß im Hals gelesen haben. Sie würden ja gerne „Klubmitglied" sein und starken Charakter zeigen, aber in ihrer Gemeinde lässt man Frauen nicht leiten oder lehren. Ich habe viele Frauen getroffen, denen es so geht, und habe den Schmerz und den Frust bemerkt, der damit zusammenhängt. Sie haben mir in E-Mails und Briefen ihr Herz ausgeschüttet und wollten so gerne verstehen, was Gott von ihnen möchte, wenn doch der Weg zum Einsatz ihrer Gaben versperrt, beschwerlich, dornig oder sowieso unveränderbar erscheint. Sind Sie auch eine dieser Frauen?

Nach einer Konferenz in Europa, zu der ich als Referentin eingeladen war, kam eine Frau zu mir und erzählte mit Tränen in den Augen ihre Geschichte. Leitungspositionen in ihrer

Gemeinde gibt es für Frauen nur in den Bereichen Arbeit mit Kindern oder Frauen. Von ihren Gaben her ist sie für ganz andere Bereiche geeignet, aber immer, wenn sie in diese Richtung etwas unternimmt, schlagen sämtliche Türen zu. Sie wollte von mir einen Rat, denn sie möchte ihre Gaben einsetzen und auch weiterentwickeln, findet aber keinen Weg, auf dem das möglich wäre.

Teresa geht es ähnlich. Sie ist brillant und arbeitet momentan als Dekanin an einer angesehenen Theologischen Universität. Sie hat eine ausgesprochene Gabe für Leitung und Lehre, und man sollte doch meinen, dass ihre Gemeinde dies nur zu gerne in Anspruch nehmen würde. Leider ist das nicht der Fall. Abgesehen von einigen Seminaren hat man sie bisher nicht in den Kreis geholt, der über Leitung und Lehre entscheidet. Von Montag bis Freitag arbeitet Teresa mehr als erfolgreich mit ihren Gaben und Fähigkeiten, aber am Sonntag bleibt für sie nur ein Platz „irgendwo".

Sara ist seit Kurzem in ihrer Gemeinde Produktionsleiterin. Bisher war ein Mann auf dieser Position, der damit automatisch auch dem zehnköpfigen Leitungsteam der Gemeinde angehörte. Für Sara wurde jedoch die Arbeitsplatzbeschreibung geändert, weil es ihr „nicht zuzumuten" sei, in einem ausschließlich mit Männern besetzten Leitungsgremium zu arbeiten. Ihre Aufgabe erledigt Sara mit viel Freude und großer Kompetenz, aber sie weiß genau, dass sie niemals „Klubmitglied" werden wird.

Solche und ähnliche Geschichten könnte ich aus den unterschiedlichsten Gemeinden und Ländern erzählen. Die Details mögen anders sein, aber der Geist dieser Gespräche ist immer gleich. All diese Frauen erleben Schmerz und Frustration in dem Versuch, das zu leben, was Gott ihrer Meinung nach in sie hineingelegt hat. Wenn sie so vor mir stehen und einen Rat erwarten, bete ich immer um Weisheit, denn solch komplexe Themen kann man nicht mit einem Nebensatz abhandeln. Vielleicht finden Sie sich in diesen Geschichten wieder. Daher will ich Ihnen hier ganz vorsichtig das sagen, was ich in diesen schwierigen Gesprächen schon oft gesagt habe.

Ich glaube, dass Gott Leiterinnen auf zweierlei Art führt und leitet. Erstens: Vielleicht macht er Ihnen deutlich, dass Sie dort bleiben sollen, wo Sie sind. Dass Sie die Ihnen zugewiesene Rolle, mag sie auch noch so klein sein, bestmöglich ausfüllen, einfach weil Sie darin Vorbild sein sollen. Vielleicht gebraucht Gott gerade Sie, um mit der Zeit anschaulich zu machen, welches Potenzial Frauen zur Verfügung steht. Vielleicht kommt damit etwas in Bewegung, und Sie werden so zum Katalysator für künftigen Wandel. Die Veränderungen in Ihrer Gemeinde oder Denomination mögen zu Ihren Lebzeiten nicht groß sein, aber trotzdem kann es Ihre Aufgabe sein, treu auszuharren.

Manchmal – und das ist mein zweiter Punkt – gibt Gott aber auch die Freiheit, sich eine andere Gemeinde zu suchen, in der Frauen ihre Gaben ohne Vorbehalte einsetzen dürfen. Ich rate nie dazu, eine Gemeinde zu verlassen, ohne vorher in einem intensiven Prozess Gott um Weisung gebeten zu haben. Konstruktive und in freundlicher Atmosphäre geführte Gespräche mit dem Leitungsteam müssen ergeben haben, dass für Sie in Ihrer Gemeinde die Türen für eine Leitungsposition tatsächlich nicht offen sind. Wenn Sie verheiratet sind, sollten Sie mit Ihrem Mann über einen eventuellen Gemeindewechsel sprechen, ebenso mit engen Freunden, die Sie gut kennen und Sie in diesem Prozess unterstützen. Sollten Sie sich tatsächlich entschließen, die Gemeinde zu verlassen, hinterlassen Sie ein „geordnetes Haus", gehen Sie nicht im Zorn und sagen Sie nichts, was Ihnen hinterher leidtun wird.

Egal, wie Ihre Entscheidung aussieht, ob Sie bleiben und in dem gesteckten Rahmen so gut wie möglich leiten oder in eine andere Gemeinde wechseln, wichtig ist, dass Sie Ihre Arbeit in einem Geist der Barmherzigkeit und Demut weiterführen.

In den meisten Gemeinden und Denominationen geschieht Veränderung nur langsam, häufig sehr viel langsamer, als wir es uns wünschen würden. Aber wenn Sie mit Gottes Hilfe an

Ihrem Charakter arbeiten und als Frau in einer Leitungsposition zum Vorbild werden, können und werden sich die Dinge mit der Zeit verändern. In einigen Jahrzehnten werden viele von uns zurückblicken und den Fortschritt erkennen, selbst wenn die Situation jetzt noch frustrierend und hoffnungslos erscheint. Gott wird seine Gemeinde bauen, und gemeinsam sind wir zu einem Ziel unterwegs, das weit über Einzelpersonen hinausreicht.

Auch bei mir ist es nicht ohne Schmerz und Frustration abgegangen, auch wenn ich weiß, dass mir mehr Möglichkeiten und Freiheiten zur Verfügung standen, als vielen anderen Frauen. Psalm 18 hat mich immer sehr ermutigt:

Du hilfst denen, die sich helfen lassen und sich selbst nicht überschätzen. Die Überheblichen aber stößt du von ihrem Thron. Herr, du machst die Finsternis um mich hell, du gibst mir strahlendes Licht. Mit dir kann ich die Feinde angreifen; mit dir, mein Gott, kann ich über Mauern springen ... Gott allein gibt mir Kraft zum Kämpfen und ebnet mir meinen Weg. Er macht mich gewandt und schnell, lässt mich laufen und springen wie ein Hirsch. Selbst auf steilen Felsen gibt er mir festen Halt ... Herr, du hast mich beschützt und mir geholfen, du gabst mir Kraft. Du hast dich zu mir herabgebeugt und mich groß gemacht. Du hast mir alle Hindernisse aus dem Weg geräumt, nie bin ich beim Laufen gestürzt.

Psalm 18,28-30.33-34.36-37

Wir dienen einem Gott, der ganz genau weiß, wie oft wir uns einsam fühlen und wie groß die Herausforderungen des Gemeindedienstes sein können. Wir wollen darauf vertrauen, dass er Hindernisse aus dem Weg räumt und uns Weisheit gibt, damit wir diesen Weg gut und sicher gehen können.

Ich möchte einfach glauben, dass – wenn wir an unserem Charakter arbeiten und an Demut, Barmherzigkeit und Selbstvertrauen zunehmen – man eines Tages nicht mehr den Begriff *Männerklub* verwenden wird, um Leitungspositionen in der Gemeinde zu beschreiben.

III

Und die Arbeit?

*I*n Willow Creek haben wir uns angewöhnt, von Zeit zu
Zeit Fachleute von außen hinzuzuziehen, um eventuell
notwendige Veränderungen unserer Sicht von Gemeinde und
Leitungsteam zu entdecken. Vor vielen Jahren hatte man dazu
eine Frau eingeladen. Sie war höchst intelligent und hatte einen
beeindruckenden Lebenslauf. Die ersten Minuten der Teambesprechung waren kaum vorbei, da war mir klar: Sie wird hier
kein Bein auf die Erde bekommen. Sie war kompetent, keine
Frage, aber sie nutzte jede sich bietende Gelegenheit, um sich
selbst ins rechte Licht zu rücken, und ihr Kommunikationsstil
war dabei ziemlich laut, fast schrill. Es schien, als würde sie
eine unsichtbare Fahne schwenken, auf der stand: „Ich bin eine
Frau – und das soll ruhig jeder hören!" Wie erwartet kam das
Team zu dem Schluss, dass die Chemie nicht gestimmt hatte,
und sie wurde kein zweites Mal eingeladen. Das war für mich
als noch junge Leiterin eine sehr anschauliche Lektion, die ich
nie vergessen habe.

Haben wir Charakterbildung zur festen Grundlage gemacht,
müssen wir irgendwann anfangen, die Arbeit zu tun, zu der
wir berufen sind. Unser Ruf als Leiterin festigt sich im Alltag,
in ganz normalen Unterhaltungen, Besprechungen und Projekten, die wir anstoßen und verwirklichen. Man wird uns nach
den Ergebnissen unserer Arbeit bewerten, aber auch nach der
Kultur, die wir in unseren Teams schaffen. Man wird von uns
erwarten, dass wir durchhalten und eine gute Arbeitsmoral an

den Tag legen, dass wir unseren ganz eigenen Führungsstil entdecken und auch anwenden und dass wir in der engen Zusammenarbeit mit Männern wohl durchdachte und angemessene Entscheidungen treffen.

Seien Sie fleißig und verdienen Sie sich Respekt

Die Tatsache, dass ich eine Frau bin, soll nie im Mittelpunkt meiner Arbeit stehen, und im Idealfall wird mein Geschlecht auch in der Zusammenarbeit mit anderen Leitern und Leiterinnen keine große Rolle spielen. Handeln spricht immer lauter als Worte, und deswegen will ich meine Arbeit so gut wie nur irgend möglich tun. Damit nämlich verdiene ich mir Respekt. Die Geschlechterfrage, sollte sie überhaupt auf den Tisch kommen, hätte ich am liebsten in nur einem Nebensatz abgehandelt, nach dem Motto: „Ach übrigens – unser Programmdirektor (oder Lehrpastor) ist eine Frau." Damit will ich nicht sagen, dass das Geschlecht verneint oder gar verborgen werden soll. Ich glaube lediglich, dass ausuferndes Reden über meine Stellung als Frau im Team oder auch ständiges Lamentieren über die niedrige Frauenquote in Leitungspositionen keine wirkliche Hilfe ist. Wäre es nicht sehr viel effektiver, wenn man unabhängig vom Geschlecht und allein anhand der Gaben entscheidet, dass eine Person für eine Führungsposition geeignet ist – oder eben nicht?

Haben sich Frauen erst einmal Vertrauen und Respekt erarbeitet, können wir diese Fragen unter Führung des Heiligen Geistes quasi „geschlechterneutral" behandeln und so Fürsprecher für andere Frauen werden, die dann ebenfalls ihren Platz finden.

Im Gleichnis von den anvertrauten Talenten erhält der Diener, der seine Gaben vergrub, anstatt sie gewinnbringend zu investieren, die heftigste Rüge. Zu dem Diener jedoch, der aus seinen Talenten das Maximum herausgeholt hat, sagt der Herr: „Du warst tüchtig und zuverlässig. In kleinen Dingen bist du treu gewesen, darum werde ich dir größere Aufgaben anvertrauen" (Matthäus 25,23). Ich soll jede mir anvertraute Aufgabe so gut wie möglich erledigen, selbst wenn sie unbedeutend und wenig aufregend erscheint. Denn es ist die Häufung der kleinen Dinge – der scheinbar unbemerkten Verhaltensweisen und belanglosen Taten –, die Bedeutung haben und manchmal mit der Zeit auch Beachtung finden.

Um einzelne Aufgaben und auch meine Arbeit als verantwortliche Leitung allgemein einschätzen zu können, muss ich mich regelmäßig mit folgenden Fragen auseinandersetzen:

- Ist dieser Vorschlag engagiert und klar genug ausgearbeitet?
- Komme ich zu Besprechungen pünktlich und bin ich dort konzentriert und begeistert bei der Sache?
- Bin ich bereit, Entwürfe für Präsentationen oder Dokumente notfalls mehrfach zu schreiben, damit sie auch sprachlich optimal formuliert sind, oder gehe ich den Weg des geringsten Widerstandes?
- Erledige ich Aufgaben konsequent und zielstrebig?
- Habe ich meinem Team die Vision so klar vermittelt, dass das Ziel und der Weg dorthin allen gleich klar sind? Sind Aufgaben klar formuliert und verteilt?
- Bin ich so oft mit meinem Team in Kontakt, dass ich einen genauen Überblick über anstehende und bereits erledigte Aufgaben habe?
- Ist mein Zeitmanagement effektiv? Setze ich in meinem Tagesablauf die richtigen Prioritäten?

Eine hauptamtliche Mitarbeiterin bei Willow Creek, die Fleiß sehr konsequent vorlebt, ist Heather. Vor neun Jahren hat sie bei Axis angefangen, unserem Angebot für über Zwanzigjährige. Dort hat sie diverse Aufgaben übernommen, u. a. Betreuung und Förderung von Kleingruppenleitern und Aufbau einer sozialdiakonischen Arbeit für dieses Team. Irgendwann trat sie bei den Veranstaltungen auch öffentlich in Erscheinung, und momentan ist sie eine der leitenden Mitarbeiterinnen von Global Connections, unserer internationalen Hilfsorganisation, bei der auch mein Mann arbeitet. Daher höre ich nicht nur in der Gemeinde Lobeshymnen auf Heather, sondern inzwischen auch zu Hause.

Von Anfang an haben andere Leiter in Heather großes Potenzial gesehen. Wenn ihr Name fällt, hört man nur Gutes. Sie arbeitet hervorragend, ist kompetent, begabt, fleißig und hat für alle ihr bisher übertragenen Aufgaben ein unglaubliches Gespür bewiesen. Es überrascht also nicht, dass sie als eine der begabtesten und stärksten jungen Leiterinnen gilt und dass sie immer häufiger auch vor der ganzen Gemeinde öffentlich in Erscheinung tritt.

Für Heather hat die Tatsache, dass sie eine Frau ist, nie eine Rolle gespielt. Sie ist engagierte Nachfolgerin Christi, Leiterin und Dienerin. Es ist ganz klar, dass man ihr noch größere Leitungsfunktionen übertragen sollte, denn sie hat sich bei allen, mit denen sie tagtäglich zusammenarbeitet, sehr viel Respekt verdient. Von Heather können wir lernen: Tu deine Arbeit gut und verdiene dir Respekt. Jedem Leiter/jeder Leiterin sollte daran gelegen sein, gabenorientiert zu arbeiten. Dazu muss man sich allerdings selbst sehr gut kennen und sich in der eigenen Haut wohlfühlen.

Den eigenen Führungsstil konsequent beibehalten

Ich hatte nur wenige weibliche Vorbilder für meinen Leitungsdienst, daher war ich versucht, den Stil der Männer zu kopieren, mit denen ich eng zusammenarbeitete. Bill Hybels ist ein visionärer Leiter, der mit einer klar formulierten Vision und einem überzeugenden Kommunikationsstil die Fantasie anregt und Leidenschaft weckt. Andere Männer waren hervorragende strategische Leiter, die unseren Blick immer wieder auf das große Ganze gelenkt und langfristig geplant haben; andere waren gute Taktiker, die das „Tagesgeschäft" der Gemeinde mit einem unglaublichen Blick für Details geleitet und vorangebracht haben. Wieder andere waren Meister darin, bei den vielen ehrenamtlichen Mitarbeitern für Einheit und Einigkeit zu sorgen.

Damals hatte ich noch nicht verstanden, dass jeder Leiter anders geschaffen und ausgestattet ist und dass somit auch der Leitungsstil ganz individuell wird. Tief im Inneren war mir klar, dass ich mich sehr von meinen männlichen Kollegen unterschied – nicht weil ich eine Frau bin, sondern weil Gott mich als Persönlichkeit anders gemacht hat als meine Kollegen. Leitungsstil macht sich nicht am Geschlecht fest. Leiter müssen die Stärke entdecken, die zum tragenden Fundament ihres Leitungsdienstes wird. Diese Charaktereigenschaft oder Begabung bildet den Kern, um den herum andere Fähigkeiten und Talente aufgebaut und weiterentwickelt werden.

Mein Leitungsstil würde sicher von manchen als „weiblich" beschrieben, was in den Anfangsjahren etwas heikel war, da ich ja meinen Weg erst finden musste. Meine Stärke als Leiterin ist das Schaffen von Gemeinschaftsgefühl. Wenn ich ein Team aufbaue, dann liegt mir daran, dass die Mitglieder sich kennenlernen und herzlich, respekt- und liebevoll miteinander umgehen. Sämtliche Aspekte meines Leitungsdienstes orientieren sich an diesem großen Ziel.

Als junge und erste Frau im Leitungsteam empfanden meine männlichen Kollegen meinen Leitungsstil als „hegend und pflegend". Sie haben mich oft aufgezogen mit den „Emotions-und-Wohlfühl-Erfahrungen", die ich für mein Team vorbereitete. Die meisten anderen Leiter waren sehr viel mehr aufgabenorientiert, und so manches Mal fiel der dezente Hinweis, dass wir als Team doch wohl mehr erledigen könnten, wenn nicht so viel Wert auf die Gestaltung von Beziehungen gelegt würde. So fühlte ich mich mit meinem Ansatz für Leitungsdienst einmal mehr alleine. Aber ich wusste auch, dass ein anderer Stil nicht authentisch wäre. Gemeinschaft ist einfach mein Herzensanliegen!

Mit der Zeit stellte sich heraus, dass Gemeinde und Künstler von meinem individuellen Stil profitierten, der sich an meinen Instinkten und der Leidenschaft für Teamaufbau orientierte. Irgendwann erhielt ich im Leitungsteam großes Lob dafür, dass mein Team es bisher am längsten miteinander ausgehalten hatte und dass wir darüber hinaus auch noch gute Arbeit leisteten. Die Freude am und Einheit im Team waren unverkennbar.

Einmal im Monat treffe ich mich mit den sechs Mitarbeitern zum Essen, mit denen ich vor so vielen Jahren angefangen habe. Wir haben inzwischen entweder das Team oder sogar den Arbeitsbereich gewechselt, aber seit über zwanzig Jahre verbindet uns ein besonders starkes Band der Freundschaft. Wir treffen uns regelmäßig, weil wir einander immer noch sehr wichtig sind, auch wenn unsere Wege sich getrennt haben. Das würde ich gegen nichts auf der Welt eintauschen. Ich kann gar nicht sagen, wie dankbar ich dafür bin, dass ich mich und meinen Leitungsdienst nicht in eine bereits bestehende Form habe pressen lassen!

Allen Leitern – Frauen wie Männern – möchte ich sagen: Entdecken Sie Ihren ganz individuellen Leitungsstil und leben Sie ihn mit viel Vertrauen und Leidenschaft. Die Gemeinde und unsere Welt brauchen unterschiedliche Leiter und Leiterinnen.

Ich freue mich, wenn ein Mann beim Aufbau eines Teams großen Wert auf Gemeinschaft legt oder eine Frau ein besonderes Gespür für Strategie und Vision zeigt. Wenn wir uns an das halten, was Gott in uns als Einzelne hineingelegt hat, werden wir Leitungsdienst weniger als Last empfinden, sondern als natürlichen Umgang mit und Einsatz von Begabungen und Fähigkeiten. Kopieren wir hingegen den Stil eines anderen, sind Frust und mangelnde Effektivität quasi vorprogrammiert, auch wenn die andere Person damit erfolgreich und effektiv ist.

Es war nicht leicht, meinen Leitungsstil gegen den damals in der Gemeinde vorherrschenden Stil durchzusetzen, aber er hat sich als sehr viel passender für mich herausgestellt als der Versuch, eine weibliche Version von Bill Hybels oder einem anderen Kollegen zu werden. Ich musste einfach ich selbst sein.

Weisheit gefragt: Der Umgang mit männlichen Kollegen

Für Leiterinnen in der Gemeinde ist Weisheit im Umgang mit männlichen Kollegen ein ganz entscheidender Aspekt ihrer Arbeit. Dazu gehören auch viele praktische Erwägungen. Neben den biblischen und theologischen Themen, die der Leitungsdienst von Frauen aufwirft, steht eine Frage im Mittelpunkt – und dies nicht nur für Frauen: Wie können Männer und Frauen eng zusammenarbeiten, ohne zu sündigen? Leider gibt es zu viele traurige Geschichten von Ehebruch, Scheidung und Skandalen, die die Gemeinde Christi gefährden und in ein schlechtes Licht rücken. Bringt man eine Frau in einen Leitungskreis, erhebt sich für viele die Frage, ob dadurch der Versuchung nicht Tür und Tor geöffnet wird. Hier muss aber darauf hingewiesen werden, dass viele emotionale oder sexuelle Affären zwischen einem männlichen Leiter und einer Frau entstehen, die gerade nicht zum Leitungskreis gehört – Sekretärin, Ratsuchende in der Seelsorge oder ehrenamtliche Mitarbeiterin. Versuchung hat es schon immer gegeben, selbst in Gemeinden, in denen Frauen die aktive Ausübung von Leitung und Lehre verwehrt wird.

Vor Kurzem traf ich mich mit dem Kunstteam einer anderen Gemeinde. Der Leiter des Teams, Stan, unterhielt sich nur mit mir, wenn noch andere dabei waren, und auch bei der Fahrt zum Mittagessen in ein nahe gelegenes Restaurant waren wir nicht allein im Auto. Stan erklärte dazu, dass für die Mitarbeiter dieser Gemeinde ganz klare Regeln herrschen: kein Gespräch hinter verschlossenen Türen zwischen Mann und Frau, keine Dienstreise und keine Autofahrt nur zu zweit. Solch klare Vorgaben für die Arbeitsbeziehung zwischen Männern und Frauen gibt es inzwischen in einigen Gemeinden. Das muss jede Gemeinde für sich entscheiden, wie sie das hält.

Andere Gemeinden – und dazu gehört auch Willow Creek – haben keine speziellen Regeln aufgestellt, was aber nicht heißt, dass potenzielle Risiken ignoriert werden. Vielmehr ist jeder für Entscheidungen in dieser Hinsicht selbst verantwortlich, und die Mitarbeiter werden auch in diesem Bereich beraten und begleitet.

Sünde lässt sich durch Regeln und Richtlinien nicht aufhalten. Sie mögen einen gewissen Schutz darstellen, aber letztendlich kann jede Regel umgangen werden. Wichtig ist, dass sowohl haupt- wie auch ehrenamtliche Leiter und Leiterinnen sich häufig offen darüber austauschen, welche Kultur sie schaffen wollen: eine Kultur, in der Männer und Frauen sich mit gegenseitigem Respekt begegnen, die gemeinsame Arbeit genießen und die Sicht des jeweils anderen schätzen. Paulus gibt Timotheus folgende Anweisung: „… Die jungen Männer behandle als deine Brüder … und zu den jüngeren [Frauen] [sei] wie zu Schwestern, aufrichtig und zurückhaltend" (1. Timotheus 5,1-2).

In den zwanzig Jahren, die ich den Dienstbereich Kunst in Willow Creek geleitet habe, war das Team immer gemischt, und die meisten Mitarbeiter waren verheiratet. In Stresszeiten haben wir sehr lange gearbeitet, haben dabei gute Gemeinschaft erlebt, und es haben sich viele tiefe Freundschaften entwickelt – auch zwischen Männern und Frauen. Zweimal im Jahr sind wir für jeweils zwei Tage gemeinsam weggefahren. Das klingt, als ob wir es auf Probleme geradezu angelegt hätten, und natürlich mussten wir einige kluge Entscheidungen treffen, wie wir in unserem Team mit solchen Risiken umgehen wollten.

Ich glaube, der Schattenseite von Männern und Frauen, die eng zusammenarbeiten, kann man mit gesundem Menschenverstand, konsequenten und offenen Gesprächen und geistlicher Reife gut begegnen. Ich bin jetzt seit dreißig Jahren im Gemeindedienst und merke, wie sehr ich die wunderbaren

Freundschaften schätze, die ich sowohl mit Männern wie auch mit Frauen aufbauen konnte. Die Klausuren, die wir auch mit räumlicher Distanz zur Gemeinde sowohl für das Kunstteam als auch für das Leitungsteam durchgeführt haben, haben unsere Vision vorangebracht, Raum geschaffen zum Hören aufeinander und auf Gott, authentische Gemeinschaft ermöglicht und haben darüber hinaus einfach sehr viel Spaß gemacht. Allerdings war uns von Anfang an klar, dass wir viel Weisheit brauchen würden, sollten all diese Dinge wirklich funktionieren.

Niemand ist gegen Versuchung gefeit und muss Herz und Seele sehr sorgfältig vor Sünde schützen. Hier einige ganz praktische Verhaltensweisen, die ich in den „Schützengräben des Gemeindedienstes" gelernt habe:

Offenheit hat Grenzen

In einem Team, das viel Wert auf Gemeinschaft legt, werden (hoffentlich) emotional sehr tief gehende Gespräche stattfinden. Schwierig wird es jedoch, wenn jemand dort ständig mehr erzählt als zu Hause dem eigenen Ehepartner. Wir wollen natürlich einen geschützten Raum schaffen, in dem man offen und sehr ehrlich miteinander umgehen kann, aber durch klare Grenzen muss vermieden werden, dass Ehepartner sich ausgeschlossen fühlen. Das sind höchst sensible Entscheidungen, für die man ein sehr gutes Urteilsvermögen braucht.

Rechenschaft ist wichtig

Alle Teammitglieder sollten dazu ermutigt werden, mit ein oder zwei Personen desselben Geschlechts eine Beziehung aufzubauen, in der regelmäßig auch unbequeme Fragen gestellt werden dürfen, also Rechenschaft über Verhalten abgelegt wird. Sollten Sie bemerken, dass zwei Teammitglieder ein bisschen zu viel Zeit miteinander verbringen, vielleicht sogar miteinander flirten, sprechen Sie einzeln mit den Beteiligten und lassen Sie sich vom Heiligen Geist zeigen, ob das Verhalten tatsächlich unangemessen ist. Die beste Art, einer Versuchung zu begegnen, ist Offenheit und Konsequenz – bevor sie für zwei Menschen tatsächlich zur Sünde wird. Natürlich kann man sich von einem anderen angezogen fühlen – das ist normal und nicht ungewöhnlich. Die Frage ist jedoch, wie man mit diesem Gefühl umgeht, wie man die Beziehung umgehend in die angemessenen Schranken weist und die Beteiligten um ehrliche Auseinandersetzung mit ihren Gefühlen und konsequentes Verhalten bittet. Ist die Versuchung zu groß, kann einer von beiden vielleicht das Team oder sogar die Gemeinde wechseln.

Ehepartner mit einbeziehen

Nutzen Sie jede Gelegenheit, Ehepartner und auch Kinder mit einzubeziehen. Als ich Leiterin der „Beach Boys" wurde, bin ich ganz bewusst ab und zu mit einer der Ehefrauen essen gegangen. Ich wollte, dass sie mich kennenlernen und nicht immer nur von mir hören als der mysteriösen Frau, mit der ihr Mann zusammenarbeitet. Vor allem aber wollte ich vermitteln, dass ich *für sie, für ihre Ehe und für ihre Familie* bin. Je besser sie mich kennenlernten und je mehr sie wussten, wie sehr ich meinen Mann Warren liebe, desto weniger würden sie mich nämlich als potenzielle Gefahr für ihre eigene Ehe betrachten.

Bei einer unserer Klausuren waren die Ehepartner zu unserem Abschlussessen eingeladen. Im Laufe des Nachmittags haben wir als Team dieses Essen vorbereitet, und ich bat jedes Mitglied (damals waren alle verheiratet), bildlich darzustellen, was sie an ihrem Ehepartner am meisten schätzen. Sie sollten nichts schreiben, sondern nur Symbole oder eben Bilder verwenden. Wie immer wurde zunächst geächzt und gestöhnt, weil die meisten nicht gerne zeichnen und sich sowieso häufig über die „komischen Dinge" beschweren, zu denen ich sie dränge. Aber dann haben doch alle mitgemacht.

Nach dem Essen bat ich jedes Teammitglied, das Bild zu zeigen und ein paar Sätze dazu zu sagen. Ich wollte, dass jeder anwesende Ehepartner vor der ganzen Gruppe eine besondere Wertschätzung erlebt. Zu sehen, wie die Augen der Ehepartner bei den Worten der Bestätigung und Liebe zu leuchten begannen, war mehr als genug Lohn für die Mühe – für alle Beteiligten. Die kleine Übung war ein voller Erfolg ... und sehr emotional. Gemeinschaftserlebnisse wie diese schweißen das Team zusammen und geben auch den Ehepartnern das Gefühl dazuzugehören.

Ein Knackpunkt:
Unterbringung bei gemeinsamen Reisen

Bei Klausuren und anderen Treffen, die außerhalb des gewohnten Gemeinderahmens stattfinden, muss sehr sorgfältig auf die Unterbringung geachtet werden. Unser Leitungsteam geht zweimal im Jahr in Klausur und wohnt dann im Sommerhaus von Gemeindemitgliedern. Das ist bequem und spart Geld. Als einzige Frau in diesem Kreis habe ich immer in einem Hotel ganz in der Nähe übernachtet, um jeglichen Anschein von Unschicklichkeit zu vermeiden. Das ist weise. Auch bei gemeinsamen Aktivitäten ist Vorsicht geboten. Nicht jeder Ehepartner ist begeistert, wenn er hört, dass man gemeinsam im Whirlpool gesessen und dabei viel Spaß gehabt hat!

Mein „Originalteam", mit dem ich einmal pro Monat zum Essen gehe, besteht aus drei Männern und drei Frauen. Alle sind verheiratet. Einer der Männer hat zwei bereits verheiratete Töchter. Auf ihren Hochzeiten haben wir gemeinsam getanzt, und ich hatte die große Freude und das Vorrecht, die Trauungen vornehmen zu dürfen. Drei unserer Väter sind bereits gestorben, und wir waren gemeinsam auf den Beerdigungen – eine davon an einem brüllend heißen Tag mit einer auf dem Dudelsack gespielten Variation von „Amazing Grace". Auf diese Menschen kann ich jederzeit und überall zählen. Sie lieben mich, sie lieben meine Familie, und ich liebe sie auch. Und ich bin unglaublich dankbar dafür, dass die Angst vor Problemen, die sich aus der Zusammenarbeit zwischen Männern und Frauen eventuell ergeben könnten, uns nicht davon abgehalten hat, uns als Teamkollegen und Freunde in das „Abenteuer Gemeindearbeit" zu stürzen.

Wenn Frauen und Männer die Arbeit in der Gemeinde in gegenseitigem Respekt und in Liebe tun, ist das für jedermann zum Vorteil. Natürlich gibt es Risiken, die allerdings durch das Positive aufgewogen werden – wenn wir uns aufrichtig um Integrität und Reinheit bemühen.

Ich möchte Sie dazu ermutigen, Ihre Arbeit gut und weise zu tun. Leiten Sie in dem Stil, der Ihren von Gott gegebenen Gaben entspricht, und lassen Sie in der engen Zusammenarbeit als Frau mit männlichen Kollegen Klugheit walten. Ihre Glaubwürdigkeit wird täglich wachsen, und das Reich Gottes wird vorankommen – weil Sie Ihren ganz eigenen Beitrag dazu leisten.

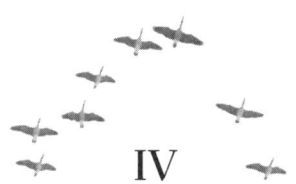

IV

Unterwegs mit den großen Jungs

Zu meiner Schulzeit war ich immer stolz darauf, *eine von den Jungs* zu sein. Ich hatte zwar immer gute Freundinnen, aber richtig lebendig fühlte ich mich erst, wenn ich mit einigen der Jungen aus unserer Jugendgruppe zusammen war. Romantische Gefühle spielten dabei keine Rolle, wir waren einfach nur Freunde. Stundenlang hockten wir in einem kleinen Restaurant namens *Leckere Platte*, stopften uns mit ungesundem, aber billigem Essen voll und lachten, bis uns der Bauch wehtat. Bei den Jungs fühlte ich mich wohl, war in meinem Element und weit weg von den manchmal doch recht oberflächlichen Mädchengesprächen. Ich war voll akzeptiert, und in Gegenwart der Jungen vergaß ich meist alle scheinbaren Unterschiede zwischen den Geschlechtern. Wir konnten über alles und jeden reden, einschließlich Familie, Sport, Ziel der Jugendarbeit, Zukunftsträume, geistliche Erkenntnisse und jede Menge dummer Witze. Sie waren meine Kumpel.

Im Berufsleben war das dann doch erheblich komplizierter. Ich schuf dafür den Begriff „unterwegs mit den großen Jungs". Viele Frauen, die in Gemeinden oder christlichen Organisationen eine leitende Position einnehmen, haben ausschließlich oder überwiegend männliche Kollegen. Vor mir taten sich viele Herausforderungen auf: In einem Umfeld, in dem Männer noch nie mit einer Frau eng zusammengearbeitet hatten, musste ich zu einem gesunden Umgang mit ihnen finden, musste lernen, wie man sich sowohl Vorgesetzten als auch Untergebenen gegenüber verhält, musste Macht und Autorität richtig einsetzen und mit den vielen Momenten hinter den Kulissen fertig werden, in denen die Unterschiede zwischen männlichen und weiblichen Mitarbeitern ganz offen zutage traten. Manchmal waren diese Situationen peinlich und schwierig, manchmal brachten sie uns einfach nur zum Lachen. Wie jeder, der in eine neue Kultur einbricht, müssen auch Frauen im Leitungsdienst sich mit der Frage auseinandersetzen, wie man sich in einer von Männern dominierten Umgebung verhält.

Verhalten in der „Männerwelt"

Den meisten *Männern* ist wahrscheinlich gar nicht bewusst, dass für Frauen, die noch am Rand stehen, aber auf ihren Einsatz warten, viele gesellschaftliche Bereiche den Eindruck einer „Männerwelt" erwecken. Natürlich gibt es umgekehrt auch den frauendominierten Kontext, der wiederum den Männern fremd ist. Aber am Arbeitsplatz und in unseren Gemeinden macht das flächendeckende Vorkommen von ausschließlich oder überwiegend männlich besetzten Leitungsteams Frauen den Eingang in ebendiese Teams schwer, denn beide Seiten wissen nicht recht, wie sie mit dieser neuen und so ganz anderen Situation umgehen sollen.

Für viele Leiterinnen besteht die Versuchung darin, ihr wahres Selbst und ihre Weiblichkeit zu verstecken, um sich der männlichen Kultur an- und somit hineinzupassen.

Das ist ein Fehler. Anpassung an das, was unserer Meinung nach „männlicher" wirkt, ist vergebliche Liebesmüh, die als nicht authentisch wahrgenommen wird und auf Dauer nicht durchzuhalten ist. Wir mögen versuchen, das nachzuahmen, was für uns männliches Verhalten darstellt. Wir können einen befehlsgesteuerten Leitungsstil und einen energischen Kommunikationsstil pflegen und Daten sowie objektives Feedback ohne jegliche Leidenschaft betrachten. Wir können sogar unseren Kleidungsstil verändern, so wie viele Frauen es in den 1980er-Jahren taten. Sie trugen konservative Hosenanzüge oder Kostüme in Dunkelblau oder Schwarz und dazu Blusen mit lächerlich großen Schleifen (als kleines weibliches Attribut dazu, nehme ich an). Damit wollten sie ausdrücken: „Wir gehören dazu. Wir sind Teil der Männerwelt."

Ich habe gelernt, dass es gar nicht darum geht, den Männern ähnlicher zu werden – ob nun durch Kleidung oder andere Dinge. Niemand sollte seine von Gott geschenkte Identität als Mann oder Frau leugnen müssen und sich verbiegen, nur um akzeptiert zu werden. Denn sehr schnell wird klar, dass wir mit männlichen Leitern sehr viel mehr gemeinsam haben als vermutet. Männer sind Menschen, so wie wir, und wir tun, was wir auch bei anderen Bezichungen zwischen Menschen tun: Wir bauen Brücken, wo immer es geht.

Und so, wie nicht alle Frauen gleich sind, machen wir es uns zu einfach, wenn wir alle Männer in eine Schublade stecken. Kurzsichtig ist es außerdem. Wir müssen den Einzelnen kennenlernen und individuelle Beziehungen aufbauen und dabei emotionale und Beziehungsintelligenz wirksam einsetzen. Eine echte und bedeutungsvolle Verbindung wird nur dann entstehen, wenn wir bereit sind, ganz wir selbst zu sein.

Unser Leitungsteam, das bis zu meinem Eintritt vor gut einem Jahr nur aus Männern bestand, trifft sich jeden Montag zum Mittagessen, und meist beginnen wir mit einem lebhaften Austausch darüber, was wir am Wochenende gemacht haben und wie es uns ganz persönlich geht. Sport spielt dabei eine große Rolle. Meine Kollegen waren am Anfang sicherlich überrascht, als sie merkten, dass ich beim Thema Sport durchaus mithalten konnte. Sport interessiert mich, und auch ich bin tief enttäuscht vom schlechten Abschneiden der Chicago Cubs. Würde mich Sport nicht interessieren, würde ich mich aus diesen Gesprächen eben heraushalten, anstatt angestrengt den Sportteil der Zeitung zu studieren und meinen Mann um einen Crashkurs in Sachen Baseball zu bitten, nur um mitreden zu können.

Meine Kollegen und ich reden über sehr viele Dinge: über Politik, die besten Joggingstrecken, Gemeindearbeit und natürlich vor allem über unsere Familien, da jeder im Team Familie hat oder gerade eine gründet. Familie ist das Thema, das Männer wie Frauen ähnlich stark beschäftigt und deshalb eine gute Brücke für Beziehungen darstellt. Wir alle haben entweder Vorgänge aus unserer Herkunftsfamilie aufzuarbeiten oder müssen Ehe- und Erziehungsarbeit leisten, und daher kann fast jeder etwas beitragen. Einige haben Kinder im selben Alter wie meine, und wir könnten den ganzen Tag darüber sprechen, was wir als Eltern immer noch dazulernen, wie wir mit speziellen Situationen umgehen, wie oft wir die Geduld verlieren oder was man mit Teenagern macht, die den unserer Ansicht nach falschen Freund bzw. Freundin haben. Da alle meine Kollegen verheiratet sind, interessiert sie auch meine „weibliche" Perspektive zu Ehefragen. Manchmal kann das ihren Blickwinkel ein wenig verändern – innerhalb angemessener Grenzen –, und sie scheinen das wirklich zu schätzen.

Für Männer, die es nicht gewohnt sind, mit Frauen zusammenzuarbeiten, können sich eventuell vorhandene Befürchtungen mit der Zeit in Luft auflösen, wenn sie eine Leiterin erleben, die sich in der eigenen Haut wohlfühlt, die lachen kann, die ihren Weg mit Gott geht und einfach nur ihre Arbeit machen will. Ich bin mir ziemlich sicher, dass die Männer, mit denen ich zusammengearbeitet habe, anfangs ein bisschen unsicher waren, als sie mich sahen. Bestimmte Witze wurden nicht mehr so offen erzählt, bestimmte Themen nicht angeschnitten, und ihr Herz haben sie mir auch nicht von Anfang an geöffnet. Aber es dauerte nicht lange, bis sich die Dynamik veränderte, und dafür bin ich bis heute sehr dankbar. Vor Kurzem haben wir einen Klausurtag miteinander verbracht, und da zeigte sich sehr deutlich, wie viel Vertrauen zwischen uns gewachsen war.

Jim Mellado, unser Teamleiter, hatte einen Fasten- und Gebetstag angesetzt. Wir trafen uns in einem Naturschutzgebiet, in dem wir die schöne Landschaft sowohl allein als auch mit dem ganzen Team genießen konnten. So war der Plan. Leider war das Wetter an diesem Tag nicht sehr kooperativ. Anstatt die schönen Wanderwege zu erkunden, saßen wir zusammengepfercht und frierend in einer winzigen, übel riechenden Hütte, während es draußen ununterbrochen schüttete. Auf einem Tisch standen nur Brot und Wasser, da wir ja nichts anderes essen wollten. Eine kleine Maus huschte über das Fensterbrett, und damit war mir sogar der Appetit auf Brot vergangen!

Zu Jims vorbereitetem Programm gehörte, dass jeder den Namen eines Teammitglieds genannt bekam, für das ein Gebet geschrieben werden sollte. Durch den Austausch vorher, aber auch durch unsere wöchentlichen Treffen wussten wir recht genau über Freuden und Nöte der anderen Bescheid. Bewaffnet mit Bibel und Schreibzeug verteilten wir uns so gut es ging in der kleinen Hütte. Dann bat Jim uns, unsere Gebete laut vorzulesen. Diese wunderbaren Gebete, die in diesen Minuten entstanden waren, haben mich sehr bewegt. Wir hörten, wie leidenschaftlich Gott angerufen wurde. Wir hörten Worte voller Anteilnahme, die einem Bruder oder einer Schwester ganz persönlich galten. Alle hatten Tränen in den Augen.

Uns verbindet ein starkes Band, und ich fühle mich als Teammitglied mit hineingenommen, geschätzt, respektiert und geliebt. Welch ein Unterschied zu dem ersten so „unentspannten" Treffen! Sicheres Navigieren durch die Männerwelt ist machbar und kann unglaublich bereichernd sein. Unsere Zeit ist meist ausgefüllt mit Tagesordnungspunkten und konkreten Belangen unserer Arbeit, und doch ist die beste Grundlage für eine professionelle Zusammenarbeit eine Kultur von Gemeinschaft und gegenseitigem Respekt.

Ich habe die Erfahrung gemacht, dass Leiterinnen in der Gemeinde lernen müssen, nach oben – gemeint ist der Umgang mit Vorgesetzten – genauso zu leiten wie nach unten, also gegenüber Mitarbeitern, für die sie selbst Vorgesetzte sind. Diese Leitungsprinzipien sind für beide Geschlechter wesentlich, stellen aber Frauen häufig vor die größere Herausforderung.

Nach oben leiten

Männliche wie weibliche Vorgesetzte müssen sich mit dem auseinandersetzen, was wir *Leiten nach oben* nennen. Bisher hatte ich sowohl in der freien Wirtschaft wie auch in der Gemeinde immer männliche Chefs. Ich würde aber wahrscheinlich nicht anders darüber denken, wenn es Frauen gewesen wären. Sicherlich habe ich die Herausforderung des Leitens nach oben nicht immer so gut gemeistert, wie ich es mir gewünscht hätte. Die folgenden Vorschläge sind daher als Angebote zu verstehen, die sich aus meinem Leitungsdienst ergeben haben.

Beobachten Sie Ihren Chef

Jeder Leiter und jede Leiterin muss im Laufe der Zeit selbst entdecken, wie die Beziehung zu Vorgesetzten effizient gestaltet werden kann. Achten Sie ganz genau auf Arbeitsstil und Zeitmanagement: In welchem Rahmen und Umfang finden Besprechungen statt? In welcher Form und wie oft sollen während der Woche Informationen vorgelegt werden? Mein erster Chef in der Gemeinde war Bill Hybels, Hauptpastor von Willow Creek. Mir war ziemlich schnell aufgefallen, dass Bill Besprechungen – im Team oder auch mit Einzelnen – meist mit einem kurzen persönlichen Austausch begann. Es gab aber auch Tage, an denen er aus Zeitmangel direkt zur Sache kam. Für eine gute Zusammenarbeit war daher entscheidend, dass ich spürte, wann die Zeit für Persönliches vorhanden war und wann nicht.

Außerdem merkte ich, dass Bill nicht gerne mit viel Papier hantierte. Kommunikation erledigt er hauptsächlich per E-Mail, Gespräche finden nur gelegentlich statt.

Und noch etwas entdeckte ich: Gutes Timing war für Bill (und wahrscheinlich für jeden anderen Chef) enorm wichtig. Er hat einen festen Tages- und Wochenrhythmus, den er sich nur ungern durcheinanderbringen lässt. Wenn wir mit unseren Anliegen in die wertvolle Zeit der Predigtvorbereitung platzten, wurden wir normalerweise von seiner Sekretärin Jean aufgehalten. Ein gutes Verhältnis zur Sekretärin eines Vorgesetzten ist von Vorteil, weil sie besser als jeder andere weiß, was von einem Chef in einer bestimmten Situation zu erwarten ist und was nicht. Jean sagt mir, wie der Tag bisher gelaufen ist, wie viel Zeit mir für das Gespräch zur Verfügung steht und ob es vielleicht besser (und klüger) wäre, bestimmte Themen nicht anzusprechen.

Wichtig ist auch, dass man Empathie für seinen Chef entwickelt. Machen Sie sich klar, dass Ihr Vorgesetzter, neben der Liste, die Sie ihm oder ihr vorlegen, wahrscheinlich noch sehr viel mehr auf dem Tisch hat. Ich erinnere mich an eine Besprechung, in der ich von Bill unbedingt wissen wollte, worüber er in vier Wochen predigen würde. Als ich nicht locker ließ, schaute er mich ernst an und sagte: „Nancy, ich habe hier mindestens zwölf kleinere Notfälle, die zuerst erledigt werden müssen, bevor ich auch nur einen Gedanken daran verschwenden kann, worüber ich in vier Wochen predigen werde." Damit sagte er eigentlich: „Lass mich erst mal Luft holen!"

Wenn wir nach oben gut leiten wollen, müssen wir sozusagen „in den Schuhen" unseres Chefs gehen. Wir müssen Sensibilität dafür entwickeln, wann wir was auf den Tisch bringen können. Ihr Chef/Ihre Chefin wird Ihnen mehr Vertrauen entgegenbringen, wenn er/sie weiß, dass Sie nicht ohne triftigen Grund ins Büro platzen bzw. auch das Arbeitspensum kennen, das nicht unbedingt mit Ihrem Bereich zu tun hat.

Empathie sollte mich aber nicht davon abhalten, die nötigen Fragen zu stellen und Fürsprecher für mein Team zu sein. Ich möchte, dass mein Vorgesetzter mich anerkennt und mich wahrnimmt als eine Mitarbeiterin, die in keiner Situation ihre Souveränität verliert. Dieser Wunsch hat mich allerdings so manches Mal daran gehindert, um zusätzliche Informationen zu bitten, eine Entscheidung infrage zu stellen oder eine Erklärung für die Verlegung eines Termins zu verlangen, die mein Team einem meiner Meinung nach unnötigen Stress aussetzte. Der Wunsch nach Anerkennung darf eine Leiterin nicht davon abhalten, die Verantwortung für die eigenen Mitarbeiter wahrzunehmen. Sonst riskieren wir nämlich, dass wir zwar kurzfristig bei unserem Chef einen guten Eindruck hinterlassen, dass aber unser eigenes Team irgendwann völlig frustriert ist. Ich habe sehr schnell gelernt, dass ich für meinen Leitungsdienst ganz neue Muskeln aufbauen muss – Muskeln, die in schwierigen Gesprächen für das nötige Selbstvertrauen sorgen.

Keine Angst vor schwierigen Gesprächen

Nach gut einem Jahr Leitungsdienst in unserer Gemeinde kam ich eines Abends nach Hause und eröffnete meinem Mann, ich hätte eine neue Definition für Gemeindearbeit gefunden: *eine Ansammlung schwieriger Gespräche.*

Sie mag für das Leben allgemein zutreffen, gilt aber ganz besonders für die Arbeit in und mit einem Team. Wir haben die unglaubliche Fähigkeit, einander falsch zu verstehen und einander zu verletzen, ohne es überhaupt zu bemerken. Für neue Leiter und Leiterinnen sind jegliche Unstimmigkeiten im Rahmen einer Gemeinde zunächst einmal ein Schock. Immerhin arbeiten wir doch mit Christen zusammen, warum also kommen wir scheinbar nicht miteinander zurecht?

Darauf gibt es nur eine Antwort: Sünde. Wir sind alle Sünder und plustern uns auf vor Stolz; eigene Ideen oder Lieblingsprojekte werden eifersüchtig gehütet; Erfolg anderer weckt Neid; Überlastung, mangelnde Anerkennung oder schlechte Bezahlung verbittern; in privaten Gesprächen wird über Mitarbeiter und Vorgesetzte gnadenlos hergezogen. Die Liste ließe sich beliebig fortsetzen.

Gibt es in einer Beziehung Probleme, müssen wir uns entscheiden. Wir können Schritte zur Versöhnung gehen – so wie Jesus es in Matthäus 18 lehrt –, oder wir machen weiter mit Verbitterung, Kalte-Schulter-Zeigen, Neid und Selbstmitleid. Keine dieser Verhaltensweisen hat sich bisher als effektiv herausgestellt oder hat mich und andere Jesus ähnlicher gemacht. Ich kenne nur eine Möglichkeit, zerbrochene Beziehungen oder auch ständige Nadelstiche zu bewältigen: Ich muss bereit sein, mich auf schwierige Gespräche einzulassen. Ich hatte von jeher einen Horror davor, und das wird sich wohl auch nicht ändern. Aber Gespräche mit anderen Leitern zeigen, dass ich damit nicht alleine stehe.

In meiner Herkunftsfamilie hatten wir kein biblisches Modell der Konfliktlösung. Wenn wir auf jemanden böse waren, verband sich unsere skandinavische Zurückhaltung mit unserer christlichen Nettigkeit – eine Kombination, die sich in einer zwar nicht ausgesprochenen, aber trotzdem deutlichen Botschaft äußerte: *Du sollst nicht zornig sein, und wenn du doch zornig wirst, dann sollst du den Zorn im hintersten Winkel deines kleinen, dunklen Herzens verstauen, wo er niemals wieder herauskommen darf.* Wir haben also gelernt zu schmollen, uns anzuschweigen und heile Welt zu spielen, obwohl die Situation für alle Beteiligten ganz schrecklich war. Kam es doch einmal zu einem Wutausbruch, als ich zum Beispiel meine jüngere Schwester einmal so piesackte, dass sie mich durch meinen dicken Wintermantel hindurch in den Arm biss, dann wurde schnell darüber hinweggegangen, und man fühlte sich eher noch schlechter, weil man ja die Kontrolle verloren hatte.

Wer als Leiter in der Gemeinde oder in einem Unternehmen offene und ehrliche Gespräche vermeidet, der wird nicht weit kommen. Eine Leiterin, die permanent davor zurückschreckt, die Wahrheit zu sagen oder Verletzungen zuzugeben, wird sich irgendwann als Opfer sehen, und Verbitterung und Wut werden zu einer großen Last in ihrem Leben.

Mein erstes schwieriges Gespräch mit einem Vorgesetzten hatte ich nur kurze Zeit, nachdem ich Programmdirektorin geworden war. Diese Stelle war ganz neu und übertrug mir die Verantwortung für den Aufbau einer Gemeinschaft von Künstlern, die bis auf die Predigt das Programm für die Gottesdienste vorbereitete. In den Anfängen von Willow Creek gab es für die hauptamtlichen Mitarbeiter keine Personalabteilung, die diesen Namen auch nur ansatzweise verdient hätte. Gehaltsvorgaben und Arbeitsplatzbeschreibungen waren dementsprechend „weit" gefasst. Im Vorstellungsgespräch habe ich das Thema Gehalt nicht angeschnitten, weil ich nicht den Eindruck erwecken wollte, es ginge mir ums Geld. Ich war der Meinung, dass die Gemeindearbeit im Mittelpunkt stehen und so profane Dinge wie Geld außen vor bleiben sollten. Ich muss aber auch zugeben, dass diese scheinbare Sorglosigkeit damit zusammenhing, dass bei uns mein Mann der Hauptverdiener war und es nicht von meinem Gehalt abhing, ob die Familie etwas zu essen hatte.

Als ich allerdings den Betrag sah, den ich tatsächlich verdiente, war Geld plötzlich doch nicht mehr so unwichtig. Mein Gehalt war lächerlich niedrig. Anscheinend hatten die Verantwortlichen übersehen, dass es sich um eine volle Stelle handelte, dass ich einen Universitätsabschluss besaß und dass ich einen Dienstbereich leiten sollte, der für Strategie und Zukunft unserer Gemeinde absolut entscheidend war. Das konnte nur ein Missverständnis sein! Als neue Mitarbeiterin und erste Frau auf einer Leitungsposition wollte ich jedoch keinen Ärger machen. Also hielt ich meinen inneren Aufruhr einige Wochen lang unter der Decke und sprach nur mit meinem Mann über das Thema. Dann aber tat der Heilige Geist das, wovor Konfliktvermeider so viel Angst haben: Er legte es mir aufs Herz, mit meinen beiden männlichen Vorgesetzten offen über meine Gehaltsvorstellungen zu reden.

Der Heilige Geist wird uns immer wieder dazu auffordern, durch Versöhnung zum Frieden zu kommen, und das geht meist nur über schwierige Gespräche.

Also machte ich mit Bill und Don einen Termin, und als der Tag kam, nahm ich mir fest vor, auf keinen Fall in Tränen auszubrechen, denn ich wollte ja schließlich nicht hysterisch wirken. Aber ich bin nun einmal sehr emotional, und Tränen sind bei mir auch Ausdruck der Authentizität. Manchmal kann ich sie einfach nicht zurückhalten, ein anderes Mal bin ich stolz darauf, dass ich tatsächlich die Fassung bewahrt habe. Diesmal gelang mir das nicht – leider. Ich erzählte Bill und Don, dass ich die Stelle nicht des Geldes wegen angetreten hatte, dass ich das Geld nicht zwingend brauchte und dass ich auch umsonst arbeiten würde, weil ich einfach sicher war, dass Gott mich in diese Arbeit berufen hatte. *Aber* – und hier holte ich tief Luft – das festgesetzte Gehalt zeigte mir, dass der Aufgabe – und damit ja eigentlich *mir* – nicht die Wertschätzung entgegengebracht wurde, die ich mir vorgestellt hatte. Hatten die Verantwortlichen vielleicht die Tatsache ausgenutzt, dass ich in unserer Familie nicht die Hauptverdienerin war? Hätten sie einem Mann dasselbe Gehalt angeboten?

Ich machte sehr deutlich, dass ich mich nicht über das Gehalt an sich ärgerte, sondern über das, was die nackten Zahlen eigentlich aussagten.

Ich wusste nicht, wie dieses Treffen ausgehen würde, aber wenn ich weiter gut in dieser christlichen Gemeinschaft arbeiten und etwas bewegen wollte, dann konnte ich meine Gedanken und Gefühle nicht länger für mich behalten. Bill und Don waren jedoch sehr freundlich und ehrlich. Sie gaben mir das Gefühl, verstanden worden zu sein und sorgten dafür, dass die Festsetzung des Gehaltes noch einmal überprüft wurde. Es wurde schließlich angehoben, und ich bin sicher, dass man von da an bei der Einstellung von männlichen wie weiblichen

Mitarbeitern sehr viel sensibler vorgegangen ist. Erst vor Kurzem hat Bill mich noch einmal an diesen Tag erinnert, und wir konnten darüber lachen.

Meine Tränen von damals und die Überwindung, die es mich gekostet hatte, das Thema offen anzusprechen, waren Teil meines Weges in die Männerwelt. Wir waren damals eben alle noch unsicher und mussten uns die nötigen Grundlagen erst gemeinsam erarbeiten.

Inzwischen habe ich zahllose schwierige Gespräche geführt, viele davon auch mit meinem jeweiligen Vorgesetzten. Ich bereite mich jedes Mal sehr genau darauf vor, damit ich meine Bedenken oder das betreffende Thema wirklich ganz klar formulieren kann. Selbst jetzt, nach einigen Jahrzehnten im Gemeindedienst, habe ich vor diesen Gesprächen immer noch Angst und weiß genau, wie viele Risiken sie bergen können. Allerdings weiß ich auch um die katastrophalen Folgen von Wut und Verbitterung – den Alternativen zum offenen (und schwierigen) Gespräch. Jeder kann einen besseren Umgang mit Konflikten lernen, und niemand wird sie ganz vermeiden können. Vielleicht ist es aber auch so, dass gerade diese schwierigen Situationen uns in unserem Dienst und in der Nachfolge weiterbringen, denn schmerzliche Gefühle wie Stolz, Neid, Angst und Egoismus sind das Feuer, in dem unser Charakter geschmiedet wird. Wir können lernen, *daran zu wachsen*, anstatt uns in Grabenkämpfen aufzureiben, Anerkennung nachzujagen und darüber zu streiten, wer recht hat. Wir können unseren ganz eigenen Beitrag leisten zu einer Kultur, in der schwierige Dinge offen angesprochen und schwierige Gefühle nicht zurückgehalten werden, und damit leben wir anderen einen Weg vor, der zu Frieden und Einheit führt. Wer nach oben gut leiten will, braucht Mut.

Ehrgeiz – ein zwiespältiges Gefühl

Wenn ich beim Einkaufen einen der Männer aus meinem Team treffe, ist es mir immer ein bisschen peinlich, wenn er mich seiner Begleitung als seine Chefin vorstellt. Schon das Wort ist mir unangenehm, denn mit einem „Chefposten" verbindet man häufig sehr viel Autorität, manchmal vielleicht auch Rechthaberei oder andere unangenehme Eigenschaften, je nachdem, welche Erfahrungen man mit Vorgesetzten gemacht hat oder macht.

Meine leichte Abneigung gegen diesen Begriff geht aber noch tiefer: Zu meiner leitenden Position gehören Macht und Autorität, und das bringt mich in einen Zwiespalt. Einerseits bin ich zutiefst davon überzeugt, dass eine Frau durchaus Chefin *sein* kann, gerade auch in der Gemeinde. Aber wie gehe ich mit den erstaunten Blicken und der gelegentlichen Ablehnung um, die mir entgegenschlägt, weil ich mich „erdreiste", solch eine Position einzunehmen? Hier Kopf und Herz zusammenzubringen, ist ein Balanceakt. Ich weiß, dass viele andere Leiterinnen – innerhalb wie außerhalb der Gemeinde – ebenfalls mit diesem Zwiespalt zu kämpfen haben, den sie meist mit sich alleine abmachen. Es fühlt sich an, als würden wir aus der Reihe tanzen, als wären wir komisch. Manchmal fühlen wir uns unverstanden und unerwünscht. Besonders diejenigen, die in überwiegend von Männern dominierten Gemeinden aufgewachsen sind, fragen sich manchmal: Wäre es nicht einfacher, wenn wir einfach alles beim Alten ließen und den Männern die Leitung überlassen, während wir Frauen ihnen den Rücken frei halten? Warum tun wir uns das eigentlich an?

Ich glaube, außer mir gibt es noch viele Leiterinnen, die ab und zu neurotische Selbstgespräche dieser Art führen.

Eine Freundin hat mir ein Buch empfohlen, in dem die Psychiaterin Anna Fels beschreibt, welchen Kampf viele Leiterinnen rund um das Thema Ehrgeiz ausfechten. In *Necessary Dreams* schildert sie, wie junge Mädchen ihre Ziele und Träume für die

Zukunft in den schönsten Farben malen und wie sie als erwachsene Frauen kaum das Wort *Ehrgeiz* herausbringen. Fels definiert Ehrgeiz zweifach: als Entwicklung von Fachwissen und als Freude an der damit erreichten Leistung. Immer wieder haben Frauen verschiedenster Fachrichtungen erzählt, wie unwohl sie sich fühlen, wenn sie zu ihrem Wunsch nach Beachtung und Anerkennung stehen sollen. Fels schreibt:

> *Obwohl Frauen aus der Mittelschicht stetig, wenn auch langsam, in für sie neue Bereiche von Bildung und Arbeit vorstießen, zeigte sich Mitte des zwanzigsten Jahrhunderts ein kurioses Phänomen. Frauen schienen ein großes Problem damit zu haben, Anerkennung für das Erreichte anzunehmen. Die Tatsache, dass Frauen sich in vielen Bereichen Fähigkeiten aneignen konnten, bedeutete nicht, dass ihnen auch die mit diesen Fähigkeiten verbundene Belohnung zuteilwurde. Trotz der erworbenen Fähigkeiten wurde überraschenderweise Frauen der Zugang zu diesem Kernstück des Ehrgeizes nach wie vor verwehrt – als ob dies an ein sehr viel tieferes kulturelles Vorurteil rühren würde. Sie konnten sich Fachwissen aneignen, aber nur, wenn die damit verbundenen Ziele „selbstlos" waren. Präsentieren und im Mittelpunkt stehen musste ein anderer.*[4]

Frauen, die Leitungspositionen in Gemeinden bekleiden, fragen sich vielleicht manchmal, ob „dieser andere" ein Mann sein sollte. Das wirft die Frage auf, ob wir wirklich glauben, dass es nicht nur okay, sondern gut, richtig und akzeptabel ist, dass in einer Ortsgemeinde eine Frau Vorgesetzte von Männern ist. Viele von uns sind mit einem anderen Bild groß geworden, von dem wir denken, dass wir es längst abgelegt hätten. Aber tatsächlich schleicht es sich ab und zu zurück in Herz und Verstand.

Frauen, die ihren Leitungsdienst in diesem Zwiespalt betrachten, werden nicht konsequent vorangehen, werden sich und ihre Ansichten nur zögernd vertreten und damit nicht nur ihre Instinkte, sondern ihren Leitungsdienst insgesamt infrage stellen.

Bereits als junges Mädchen bemerkte ich, dass Gott mich mit einem scharfen Verstand und einem erstaunlichen Gedächtnis gesegnet hatte. Diese Kombination braucht man, wenn man im amerikanischen Schulsystem erfolgreich abschneiden will; ich war also eine sehr gute Schülerin, die meist vor allen anderen die Antworten wusste und sich begeistert meldete, um sie auch verkünden zu können. In der fünften Klasse fragte ich mich allerdings, ob meine Intelligenz meine Beliebtheit steigerte, oder – und das war eher wahrscheinlich – andere abschrecken würde, besonders Jungs. Ich begann, mich zurückzuhalten, versuchte, nicht zu schlau zu erscheinen, geschweige denn mit anderen über meine Noten zu sprechen. Es ging sogar so weit, dass ich manchmal vorgab, die Antwort nicht zu kennen, obwohl das nicht stimmte. Studien zeigen, dass dieses Phänomen die Erklärung dafür ist, warum einige Schülerinnen in reinen Mädchenschulen sehr viel besser zurechtkommen. Eigentlich dachte ich, dass ich meine Zurückhaltung im Klassenzimmer gelassen hätte, aber jeder bringt Lasten aus der Kindheit mit ins Erwachsenenleben, und so neige ich manchmal selbst in Besprechungen auf Leitungsebene dazu, mich nicht als zu intelligent, begabt oder scharfsinnig zu zeigen. So sollte es aber nicht sein.

Manchmal sind wir uns selbst die ärgste Feindin. Teilweise sind Zweifel und Unsicherheit über unsere Leitungskompetenz bei uns größer als bei den Männern, die wir leiten. Jede Leiterin sollte sich klar darüber werden, welche Begegnungen und Erfahrungen zu solchen Kurzschlusshandlungen im Leitungsdienst beitragen. Dr. Sarah Sumner, Professorin für Theologie und Autorin von *Men and Women in the Church*, findet dafür entlarvende wie herausfordernde Worte:

Es ist eine Sache, sich aufgrund von Faulheit oder Mangel an Charakter selbst Grenzen zu setzen. Eine ganz andere ist es, wenn diese Grenzen von einer Überzeugung her-

rühren, die auf falschen Annahmen von Menschen aus der Gemeinde beruhen. Wenn Frauen sich einreden: „Emotionale Reife ist für mich nicht vorgesehen – ich bin doch eine Frau" oder „Ich darf nicht mehr erreichen, als ich erreicht habe – ich bin doch eine Frau", dann stimmt etwas nicht.

Die Gemeinde verfehlt das Ziel, wenn die Gemeinschaft der Gläubigen christliche Frauen so konditioniert, dass sie sich als minderwertig sehen und sich – falls nötig – Männern gegenüber auch als minderwertig erweisen.[5]

Wollte ich also die Männer in meinem Team effektiv leiten, musste ich über meinen Schatten springen, alle inneren Entschuldigungen hinter mir lassen und einfach leiten. Keiner möchte einer Leiterin folgen, die keine klare Vision hat und bei jeder noch so kleinen Entscheidung ins Grübeln kommt. Ich musste Selbstvertrauen zeigen, die Leitungskompetenzen ausüben, die sowohl für Männer wie für Frauen gelten, und nicht so tun, als würde ich eine Bestrafung dafür erwarten, dass ich diese Leitungsposition angenommen hatte.

Fragen Sie sich doch einmal, ob Sie als Leiterin hinsichtlich Ehrgeiz und Autorität zwiespältige Gefühle haben, und lassen Sie Ihre Bedenken bewusst los. Wir werden nur dann inneren Frieden finden, Ziele und Träume klar benennen und auf gute Art mit den uns übertragenen Möglichkeiten umgehen können, wenn wir ehrlich auf diese inneren Stimmen hören und sie mit Hilfe des Heiligen Geistes, durch wachsende Erfahrung und entsprechende Erfolgserlebnisse auf den ihnen zustehenden Platz verweisen.

Um jemanden wirksam leiten zu können, muss man eine Vertrauensbasis schaffen. Wissen Sie, was ich entdeckt habe? Die meisten Männer wollen dieselbe Art von Leitung wie Frauen – sie werden aufblühen unter einem Leiter bzw. in meinem Fall einer Leiterin, die auf ihrer Seite steht, gut zuhört, aus dem Team eine Einheit macht und sich auch für geistliche, berufliche und private Dinge interessiert.

In meinem ersten „Männerteam" herrschte große Unsicherheit darüber, wie es wohl mit einer Frau als Chefin sein würde. Vielleicht hatte ich ein bisschen zu sehr zur Schau gestellt, dass ich weder als Diva noch als Autokratin leiten würde (oder was immer sie für ein Bild von meiner Autorität gehabt haben mögen). Nach einem Jahr erzählte mir unser Musikdirektor Rory von einem Gespräch mit einem Mitarbeiter einer anderen Gemeinde. Dieser fragte mit etwas Skepsis in der Stimme: „Wie ist es denn so mit einer Frau als Chefin?" Rory antwortete: „Das ist echt toll. Ich ziehe sie jedem Mann vor, den ich bisher als Chef hatte." Dem anderen hat das die Sprache verschlagen, und ich war Rory mehr als dankbar, dass er mir von dem Gespräch erzählt hat.

Männer wissen viel – aber nicht alles

Stellen Sie sich vor, wir zwei Leiterinnen würden uns im privaten Rahmen zu einer Tasse Kaffee verabreden. Zunächst würde es sicherlich um die Probleme gehen, mit denen wir uns auf unserem Weg in und durch die Männerwelt herumschlagen müssen. Wir würden uns darüber austauschen, wie wir am besten nach oben leiten oder wie wir mit Ehrgeiz und dem dazugehörigen Zwiespalt umgehen. Wenn wir uns ein bisschen besser kennengelernt haben und Vertrauen gewachsen ist, bekäme das Gespräch jedoch eine leichtere Note, und wir würden über Dinge sprechen, die wirklich nur Leiterinnen verstehen.

Um daher dieses Kapitel authentisch zu beenden und einige dieser eher privaten Balanceakte zur Sprache zu bringen, tun wir jetzt so, als wären Sie meine neue Freundin. Wir unterhalten uns über den besten Platz für das Ansteckmikrofon, über Make-up und all die Dinge, über die männliche Leiter sich meines Wissens keine Gedanken machen müssen.

Wohin mit dem Mikrofon?

Die meisten Leiterinnen sprechen ab und zu in der Gemeindeöffentlichkeit, selbst wenn sie nicht predigen oder lehren. Wussten Sie, dass Mikrofonanstecker vorwiegend für Männerhemden gemacht sind und nicht für Blusen? Aus mir unerklärlichen Gründen werden Männerhemden und Damenblusen unterschiedlich geknöpft – die Männer haben die Knöpfe rechts, die Frauen links. Will ich also an meiner Bluse ein Ansteckmikro befestigen, müssen die Techniker bei unseren Modellen erst das Mikrofon vom Clip nehmen und andersherum montieren. Das ist normalerweise kein Problem, und trotzdem frage ich mich, warum das so ist.

Dann gibt es Mikrofone, die im Rücken am Hosenbund befestigt werden. Kein Problem – solange man Hose oder Rock trägt. Einmal trug ich zu einer Trauung, die ich vornehmen sollte, ein Kleid. Daran konnte man unmöglich ein Mikro festmachen, aber zum Umziehen war keine Zeit mehr. Der Techniker trieb schließlich irgendwo ein Standmikrofon auf, und alles war gut. Seitdem trage ich bei Trauungen immer Rock und Bluse.

Inzwischen sind fast überall Headsets üblich, mit denen man aussieht wie ein Popstar. Sie werden am Ohr „eingehängt", und ein kleiner, meist hautfarbener Bügel mit dem eigentlichen Mikrofon daran geht in Richtung Mund. Die Männer in unserer Gemeinde haben alle kurze Haare, daher ist das für sie sehr praktisch. Einer hat eine Glatze, da ist es noch einfacher. Aber ich habe schulterlange Haare, die sich manchmal im Headset verheddern.

Ohrschmuck ist auch so ein Thema. Einmal habe ich beim Sprechen dauernd ein Klimpern gehört. Irgendwann wurde mir klar, dass das von meinem Ohrring kam, der ständig gegen den Bügel des Headsets stieß. Seitdem lasse ich sie zu Hause, wenn ich öffentlich spreche.

Männer müssen sich über Dinge wie Ohrringe oder Kleider

keine Gedanken machen, und die meisten haben auch keine Probleme mit langen Haaren.

Haare, Lippenstift und die Modepolizei

Jede Nachrichtensprecherin, Geschäftsfrau oder Politikerin kann Ihnen sagen, wie es ist, wenn jedes noch so kleine Detail der eigenen Erscheinung von der Öffentlichkeit kommentiert wird. Auch die Gemeinde scheint das Bedürfnis zu haben, sich ausgiebig mit Veränderungen im Erscheinungsbild von Leiterinnen zu beschäftigen. Zu einem unserer Gottesdienste für unsere ehrenamtlichen Mitarbeiter, den ich gemeinsam mit John Ortberg halten sollte, kam ich frisch vom Friseur – mit deutlich kürzeren Haaren als am Morgen. Da musste ich mir im Laufe des Abends einiges anhören! Der Haarschnitt unserer männlichen Leiter wird nur selten derart ausführlich kommentiert.

Auch Make-up kann zu einer Herausforderung werden. Wenn zum Beispiel meine Predigt eher am Ende des Gottesdienstes ist, würde ich eigentlich gerne meinen Lippenstift überprüfen, bevor ich nach vorne gehe. Meist lasse ich das aber, denn es wird erwartet, dass ich mich in solchen Momenten auf eher geistliche Dinge konzentriere. Ich habe noch nie erlebt, dass ein Mann noch schnell in einen Taschenspiegel schaut, bevor er auf die Bühne geht! Da ich beim Predigen oder auch beim Lobpreis häufig sehr emotional reagiere, achte ich außerdem auf wasserfeste Wimperntusche.

Was mich allerdings am meisten überrascht, ist das offensichtliche Interesse der Gemeinde am Kleidungsstil von Leiterinnen. Ich wünschte, es wäre anders, aber mein Outfit kann die Zuhörer durchaus ablenken. Manchmal beneide ich Denominationen, in denen die Pastorinnen einen Talar tragen. Das macht alles so viel einfacher! Alle anderen jedoch müssen sich für Kleidung entscheiden, die gut aussieht, modern, aber nicht zu extravagant ist und zudem noch so bequem, dass sie die Bewegungsfreiheit nicht einschränkt. In einem Gottesdienst war ich mit meinem Absatz in einem kleinen Loch auf der Bühne hängen geblieben. Danach wusste ich: Auch Schuhe müssen sorgfältig ausgesucht werden.

In unserem Foyer gibt es einen separaten Raum für Besucher, die zum ersten Mal bei uns sind. Hierher gehen nach dem Gottesdienst auch die Pastoren, um diese Gruppe zu begrüßen, und ich habe in diesem geschützten Raum schon viele sehr gute Gespräche und intensive Gebetszeiten erlebt. Ich bin immer ganz gespannt darauf, wie der Heilige Geist wohl diesmal das Gespräch leiten wird und ob meine Predigt bei den Menschen etwas bewegt hat. Überrascht bin ich allerdings immer wieder von folgenden Fragen und Kommentaren, die sowohl von Männern wie von Frauen kommen:

- Meine Freundin und ich haben darüber diskutiert, von welchem Designer wohl Ihre Jeans ist. Können Sie den Streit bitte beenden?
- Ich wollte Ihnen nur mal sagen, wie schön ich Ihre Jacke finde. Wo haben Sie sie her?
- Uns ist aufgefallen, dass Sie beim Friseur waren. Der neue Haarschnitt macht sie viel jünger.

Das ist wirklich so passiert! Und ich garantiere Ihnen, dass männliche Pastoren solche Fragen *nie* gestellt bekommen. Mich macht das ganz verrückt! Aber ich vermute, dass das zum Frausein einfach dazugehört, und dass unsere Kultur eben sehr viel Wert auf das äußere Erscheinungsbild legt, einschließlich Gewicht, Frisur, Kleidung und Make-up. Einmal habe ich Bill Hybels im Scherz damit gedroht, im Sommer „einen kleinen Eingriff" vornehmen zu lassen und ihn der Gemeinde in Rechnung zu stellen! Inzwischen reagiere ich auf diese Fragen mit Humor und versuche, solche und ähnliche Kommentare nicht allzu wichtig zu nehmen. Mir liegt nach wie vor mehr daran, die Aufmerksamkeit der Menschen auf das zu lenken, was Gott mir als Botschaft auf mein Herz gelegt hat. Manchmal allerdings wäre ich doch lieber Radiosprecherin geworden!

Weitere Herausforderungen

Es gibt noch eine Sache, die unser Leben bisweilen kompliziert macht und über die man nicht so gerne spricht. Wenn ich an diesen „gewissen" Tagen im Monat fünfundvierzig Minuten auf der Bühne gestanden und dann noch mein Pensum in der Begrüßungslounge erledigt habe, würde ich gerne zwischendurch auf die Toilette gehen, um nachzuschauen, ob noch alles in Ordnung ist. Als unsere Töchter Babys waren, habe ich immer versucht, sie vor einer Predigt oder einem Vortrag noch zu stillen. Trotzdem konnte es passieren, dass – wenn im Saal ein Baby schrie – Milch auslief und meine Seidenbluse ruinierte! Daher habe ich in dieser Zeit immer sehr darauf geachtet, mir vor Gottesdiensten oder auch zwischen Besprechungen ein ruhiges Plätzchen zu suchen und Milch abzupumpen.

Wir können als Frauen ein bisschen stolz darauf sein, dass es für uns Herausforderungen gibt, die wir ganz im Stillen meistern und um die Männer weder wissen, noch sich konkret damit auseinandersetzen müssen. Wenn ich könnte, würde ich gerne jeder Leiterin einen Orden verleihen für ihre heldenhafte Fähigkeit, diese so einzigartigen Momente im Leben einer Frau unkompliziert und elegant zu meistern. Ich freue mich schon darauf, mit meinen Schwestern über diese Geheimnisse zu plaudern und gemeinsam darüber zu lachen.

Den größten Teil meines Lebens habe ich mit Männern zusammengearbeitet. Mir in ihrer Welt meinen Platz zu erkämpfen, war nicht immer einfach. Und doch bin ich sehr dankbar für die unzähligen Begegnungen und Gelegenheiten, bei denen mich meine männlichen Kollegen geprägt, herausgefordert, inspiriert und unterstützt haben. Viele von ihnen sind sogar Freunde geworden, und das ist für mich nicht selbstverständlich. Ein

Mitglied meines momentanen Teams hat kürzlich beschrieben, wie er mein Eindringen in eine reine Männerdomäne empfindet: „Nancy, mit dir spielen wir in einer ganz anderen Liga!" Was auch immer das heißen mag – ich nehme es als Kompliment.

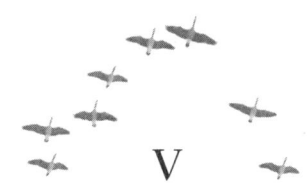

Und dann haben wir
ja auch noch Kinder

Es war ein bitterkalter Februartag. Gerade hatte mir der Frauenarzt die gute Nachricht verkündet: „Ja, Sie sind schwanger!" Eigentlich war ich mir auch vorher schon sicher gewesen, aber damals waren Schwangerschaftstests für zu Hause noch nicht so verbreitet, und so wollte ich meine Vermutung gerne von einem Fachmann bestätigt haben. Ich weinte vor Freude und in meinem Kopf kreiste der Satz: Und jetzt noch dieses Sahnehäubchen … Zu all den anderen Segnungen in meinem jungen Leben – eine glückliche Ehe, eine erfolgreiche Gemeindearbeit und wunderbare Freunde – würde nun also auch noch das Mutterglück dazukommen. Dankbarkeit gegenüber Gott erfüllte mein Herz.

Viele verheiratete Frauen wollen unbedingt Kinder haben; die Frage ist für sie nicht, *ob*, sondern *wann*. Bei Warren und mir war das anders. Wir hatten zwar schon relativ früh in unserer Beziehung über Kinder gesprochen, waren uns lange Zeit aber einfach unsicher, ob wir uns auf dieses Abenteuer einlassen wollten, ob wir das schaffen würden.

Das größte Problem dabei waren Warrens Vorstellungen von Familienleben. Er konnte sich einfach nicht vorstellen, dass ich auch mit Kind weiter arbeiten ging. Sein Mutterbild orientierte sich an seiner Mutter, die nach der Geburt der Kinder zu Hause geblieben war. Sie war eine fantastische Köchin und eine unglaublich fürsorgliche Mutter. Da wir uns nicht recht einigen konnten, wollten wir erst einmal abwarten.

Neun Jahre lang bauten wir engagiert an unserer Ehe und an der Karriere. Wir genossen eine unglaubliche Freiheit, gingen nach der Arbeit essen, machten Urlaub und erholten uns von unseren anspruchsvollen Jobs bei sehr viel Sport und Treffen mit Freunden. Ohne Kinder kann man Zeiten mit erhöhtem Arbeitsanfall sehr viel einfacher wegstecken. Nach stressigen Wochen wird es auch irgendwann wieder ruhiger, und die Terminpläne können gut aufeinander abgestimmt werden.

Nach sechs oder sieben Jahren, als ich auf die Dreißig zusteuerte, erwachten meine Mutterinstinkte, wobei ich mir bisher nicht sicher gewesen war, dass ich sie überhaupt besaß. Sehr zögernd begann ich mit Warren über das zu sprechen, was wir von da an das „Thema Kind" nannten. Wir waren ja keine zwanzig mehr, und vor allem im Urlaub war das das beherrschende Thema. Was war für uns „dran"? Ich machte sogar eine Liste mit Pro und Kontra. Wir brauchten kein Kind, um unsere Ehe gut oder besser zu machen. Wir liebten unsere Arbeit und genossen die Freiheit, das tun zu können, wozu wir uns berufen fühlten, ohne mit den Beschränkungen leben zu müssen, die Kinder nun einmal mit sich bringen (und von denen wir damals nicht ansatzweise eine Vorstellung hatten). Warren war sich nicht sicher, ob ich es neben meiner Arbeit schaffen würde, Kindern die Zeit zu geben, die sie brauchen und auch verdienen.

Aber schließlich sagte er bei einem unserer Urlaube: „Gut, wir versuchen es." Ich dachte, ich hätte mich verhört! Wir einigten uns darauf, dass ich, sollte Gott uns tatsächlich mit einem Kind segnen, nur noch Teilzeit arbeiten würde. Wir waren ja bereits neun Jahre verheiratet und hatten keine Ahnung, ob es mit einer Schwangerschaft gleich klappen würde. Aber schon sehr bald blieb meine Regel aus, und ich ahnte sofort den Grund. Und so begann ein ganz neuer Abschnitt in unserem Leben, der uns vor viele Herausforderungen stellte und uns Erfahrungen bescherte – positive wie negative –, die wir uns niemals hätten träumen lassen. Wir waren keine jungen Eltern: Als unsere Tochter Samantha geboren wurde, war ich zweiunddreißig und Warren einundvierzig. Drei Jahre später kam unsere zweite Tochter Johanna zur Welt. Die beiden haben unser Leben völlig umgekrempelt.

Das Leben ist keine Pauschalreise

Heutzutage haben Frauen bezüglich der Kinderfrage sehr viel mehr Möglichkeiten als früher. Man muss den Vater seines Kindes nicht zwangsläufig heiraten, und manche Frauen entscheiden sich sogar dafür, ihre Kinder alleine großzuziehen. Frauen zu sehen, die in ihren verschiedenen Lebensumständen gut zurechtkommen, ist für mich immer ein Grund zur Freude, besonders auch, wenn dies innerhalb einer Gemeinde geschieht.

Im Folgenden stelle ich Ihnen einige meiner Freundinnen vor und lasse Sie teilhaben an den Entscheidungen, die sie getroffen haben. Vielleicht haben Sie dabei einige Ihrer eigenen Freundinnen vor Augen und freuen sich über die Tatsache, dass unter der Fülle von Möglichkeiten kein „Pauschalangebot" ist, das auf jede Frau passt.

Christine

Christine arbeitet sehr engagiert in leitender Position in der Verlagsabteilung einer gemeinnützigen Organisation. In jedes Team, zu dem sie gehört, bringt sie viel Fachwissen, Energie und Kreativität ein. Es macht Spaß zu sehen, wie sie als Single in den Vierzigern ihr Leben in vollen Zügen genießt. Verheiratete wie unverheiratete Freunde profitieren von ihren Qualitäten als Gastgeberin. Christine hat etliche Hobbys und Interessen, zu denen unter anderem Reisen, Lesen, Malen und keltische Spiritualität gehören. Obwohl sie mitten in Chicago lebt, hat sie einen eigenen kleinen Kräutergarten angelegt, und in ihrer Küche wird kein Rezept zweimal gekocht. Ihre Arbeit ist für sie nicht nur Mittel zum Zweck, sondern Gelegenheit zum leidenschaftlichen Engagement, und ihre Freizeit gehört intensiv gepflegten Beziehungen und Aktivitäten. Sie ist eine großartige Tante, Tochter und Freundin und macht überhaupt nicht den Eindruck, als sei ihr Singleleben lediglich ein Übergangsstadium bis zu dem Tag, an dem „Mr Perfect" auftaucht. Christine inspiriert mich, ist mir nicht nur eine sehr gute Freundin, sondern auch eine hervorragende Beraterin beim Schreiben.

Corinne

Corinne ist eine meiner besten Freundinnen. Seit zwanzig Jahren arbeitet sie in Willow Creek in leitender Position, und momentan sind wir sogar beide bei der Willow Creek Association. Mit keiner anderen Leiterin habe ich enger zusammengearbeitet. Gemeinsam haben wir unzählige Gottesdienste und Sonderveranstaltungen vorbereitet. Ich habe vor vielen Herausforderungen gestanden und fühlte mich als Leiterin manchmal auch sehr einsam, aber Corinne war immer für mich da. Niemand kennt mich besser als sie, und ich möchte mir gar nicht ausmalen, wie mein Leben verlaufen wäre, hätte Gott uns nicht einander zur Seite gestellt.

Seit siebenundzwanzig Jahren ist Corinne mit ihrer Jugendliebe Greg verheiratet. Ihre Ehe ist geprägt von gegenseitigem Respekt, großer Zuneigung und vielen gemeinsamen Interessen. Vor einigen Jahren stand die Frage der Familienplanung für sie ähnlich intensiv im Vordergrund wie für Warren und mich einige Jahre vorher. Nach reiflicher Überlegung und viel Gebet entschieden sie sich gegen Kinder. Sie hatten den Eindruck, dass ihr Schwerpunkt eher auf Gemeindearbeit, Verwandtschaft und Freunden liegen sollte. Sicherlich wären sie wunderbare Eltern gewesen, aber eine eigene Familie schien nicht Gottes Plan für ihr Leben zu sein, und mit dieser Entscheidung können sie auch gut leben.

An Corinne fasziniert mich, wie sie immer wieder neue Gaben und Leidenschaften entdeckt, u. a. Musik, Tanz, Fotografie, Bücher, eine unglaubliche Tierliebe und Filme (vor allem Fassungen mit Kommentaren des Regisseurs). Sie ist eine tolle Ehefrau, Tochter, Schwester und Tante. Sie führt ein erfülltes Leben und hat sowohl privat wie auch beruflich bereits sehr viel bewegt.

Lynn und Karla

Lynn und Karla nenne ich immer meine „mütterlichen Freundinnen". Beide gehören seit Langem zu unserer Gemeinde, sind verheiratet, Hausfrauen und haben jeweils vier Kinder. Sie sind mir zu wertvollen Begleiterinnen auf meinem Weg durch den „Erziehungsdschungel" geworden. Häufig haben sie mich zur Spätvorstellung ins Kino entführt, einfach um mir eine kleine Auszeit zu gönnen. Wenn die Kinder krank waren, haben sie mit mir an ihren Betten gewacht, haben Lehrer, Freizeiten, Schulen und Ärzte empfohlen, Rezepte vorgeschlagen und waren einfach immer da, wenn ich sie am dringendsten brauchte. Einmal hatte ich Samantha in ihrem Kindersitz auf der Arbeitsplatte in der Küche abgestellt und wollte etwas von draußen holen. Dabei habe ich mich ausgeschlossen! Ich hatte Panik, denn ich sah zwar Samantha von draußen, konnte aber nicht zu ihr hinein. Ich habe Lynn angerufen, die sofort kam und mir half, durch ein Fenster ins Haus zu klettern.

Dadurch, dass sowohl Lynn als auch Karla sich für ein Leben als Hausfrau entschieden hatten, konnten sie sich in der Schule ihrer Kinder und in der Nachbarschaft auf eine Art und Weise engagieren, die mir so nie möglich war. Wenn in einem Formular die Frage auftaucht „Wer soll im Notfall benachrichtigt werden?", trage ich immer ihre Namen und Telefonnummern ein – seit über siebzehn Jahren. Mit meinem Muttersein und meinem Leben überhaupt sind Lynn und Karla untrennbar verbunden.

Char

Char ist sechsundachtzig und meine langjährigste Freundin. In meiner Ursprungsgemeinde hat sie meine Sonntagsschulgruppe geleitet, und sie ist die außergewöhnlichste alte Dame, die ich kenne. Seit mehreren Jahrzehnten lebt sie mir vor, was es heißt, eine „Frau nach dem Herzen Gottes" zu sein.

Als sie neununddreißig war, starb ihr erster Mann, da war ihr Sohn Rick gerade dreizehn. Um ihre kleine Familie durchzubringen, musste sie arbeiten. Ihre kreative Ader als Autorin verschaffte ihr Zutritt zum Autorenteam verschiedener christlicher Zeitschriften und Magazine. Der Tod ihres ersten Mannes erschütterte sie tief, aber sie wollte trotz allem ihr Leben sehr bewusst und auch erfüllt leben. Mit Char Zeit zu verbringen, macht einfach Spaß, und ich kenne nicht viele Frauen, von denen ich das sagen kann. Nach etlichen Jahren als Witwe heiratete sie ein zweites Mal, aber ihr Mann kam nach nur drei Jahren Ehe auf tragische Weise ums Leben. Char hat fast alles erlebt, was man als Frau erleben kann, aber sie hat alles mit sehr viel Weisheit und Eleganz gemeistert. Sie ist mein Vorbild. Wenn ich alt bin, möchte ich so sein wie sie.

Christine, Corinne, Lynn und Karla, Char. Vielleicht kommt die eine oder andere Ihnen bekannt vor? Sicherlich kennen Sie Frauen, die im Leben gleiche oder ähnliche Entscheidungen getroffen haben. Wahrscheinlich ist die Bandbreite, die Sie kennen, sogar noch größer als die, die ich gerade beschrieben habe. *Entscheidung* ist ein großes Wort. Viele Frauen würden wohl sagen, dass sie gar nicht immer die Wahl hatten, sondern Entscheidungen vorgegeben wurden durch finanzielle oder gesundheitliche Probleme bzw. Umstände, die außerhalb ihrer Kontrolle lagen. Frauen heute haben zwar mehr Optionen als noch unsere Mütter oder Großmütter sie hatten, aber bei jeder Option gilt: Für die Lebensgestaltung einer Frau gibt es nicht den „einen richtigen Weg".

In der Bibel findet sich kein „Ehegebot" für alle Christen, denn auch Paulus hat sich ja ganz bewusst hauptsächlich auf seinen Dienst in und für Gemeinden konzentriert. Und immer wieder begegnen uns in der Bibel auch Frauen, die – entgegen aller kulturellen Vorgaben jener Zeit – in der Urgemeinde tragende Rollen übernommen haben. So lesen wir im Alten Testament, wie Esther ihr ausgeprägtes Urteilsvermögen einsetzte, um ihr Volk unter dramatischen Umständen zu retten. Deborah war Prophetin, Priscilla und andere Frauen wurden zu tragenden Säulen der ersten Gemeinden.

Unser himmlischer Vater gestaltet die Lebenswege von Frauen in wunderbarer Vielfalt und schafft entlang dieser Wege einzigartige Schwerpunkte und Perspektiven. Enge oder verallgemeinernde Vorstellungen von dem, wie eine Frau leben sollte, verhindern, dass jede Frau ihr Leben individuell gestaltet, und zwar mit den Gaben und Möglichkeiten, die Gott für sie vorgesehen und in sie hineingelegt hat.

Baby bekommen – Leben zu Ende?

Ich habe mich bewusst für Kinder entschieden, und nach neun Jahren Ehe war das eine riesige Umstellung. Als ich mit Samantha nach Hause kam, fuhren meine Hormone Achterbahn, und ich konnte mir nicht vorstellen, wie zwei so absolut unfähige Menschen wie Warren und ich für dieses winzige Baby sorgen sollten. Heute wünschte ich, wir hätten ein Video von

Samanthas erstem Bad! Während Warren in unseren Aufzeichnungen vom Säuglingskurs blätterte, hatte ich alle Hände voll damit zu tun, unseren Drei-Kilo-Wonneproppen nicht im Spülbecken zu ertränken. Wir waren vollkommen übernächtigt und staunten über die dramatischen Veränderungen, die unser kleines Mädchen für unser Leben bedeutete. Über einen Zeitraum von mehreren Wochen brach ich völlig grundlos in Tränen aus. Wenn ich im Kinderzimmer stillte und gleichzeitig weinte, fragte Warren häufig: „Was ist denn jetzt schon wieder?" (Er ist immer so sensibel.) Meine Standardantwort lautete: „Keine Ahnung." Zu allem Überfluss rief auch noch Corinne an und schwärmte von dem tollen Projekt, das sie gerade in Deutschland auf die Beine stellte. Beim Klang ihrer Stimme dachte ich: „Was ist nur mit mir passiert? Ich war doch immer diejenige mit den tollen Projekten, die in der Welt unterwegs war und etwas bewegte. Jetzt bin ich eine unförmige, ständig in Bereitschaft stehende Melkmaschine. Das kann's doch nicht sein." Ich musste an eine Anzeige denken, die ich in unserer Zeitung entdeckt hatte: „Windsurfer aufgepasst! Baby bekommen, Leben zu Ende, verkaufe Ausrüstung." Genauso fühlte ich mich – Baby bekommen, Leben zu Ende.

Nach drei Monaten wollte ich wieder anfangen zu arbeiten, allerdings nur mit einer halben Stelle. Am Anfang der Schwangerschaft hatte ich all meinen Mut zusammengenommen und meinem Chef und Freund Bill Hybels Folgendes vorgeschlagen: Ich würde als Leiterin des Bereichs Kunst bei Willow Creek weitermachen, allerdings mit der Hälfte der Stundenzahl. Das anstehende Arbeitspensum würde ich dadurch bewältigen, dass ich Aufgaben delegierte. Nie zuvor hatte eine Frau in leitender Position in unserer Gemeinde um ein solches Arrangement gebeten, und mir war klar, dass er auch ablehnen könnte. Außerdem bat ich Bill darum, im Leitungsteam bleiben zu dürfen – falls er das für möglich hielt. Als ich das aussprach, bekam ich weiche Knie.

Überraschenderweise war Bill für diesen Vorschlag ganz offen. Seiner Meinung nach konnte mein Plan durchaus funktionieren, und so begann mein Weg als Teilzeit arbeitende Mutter. Ich begann, Milch abzupumpen, und wir engagierten für einige Stunden ein Kindermädchen, das sich als wahrer Glücksgriff herausstellte: Sie hatte bereits erwachsene Kinder und wurde für unsere Mädchen eine Art „Ersatz-Großmutter". Einfach war es trotzdem nicht.

Als Mutter gut genug

Gerade weil Frauen so viele Möglichkeiten offenstehen, entscheiden sich viele für Kinder – so wie ich auch. Wer jedoch eine leitende Position in einer Gemeinde oder einem Werk innehat und gleichzeitig Mutter ist, sieht sich ganz besonderen Herausforderungen gegenüber.

Viele Frauen in meiner Lage kämpfen gegen einen Dämon mit unglaublicher Zerstörungskraft. Er lauert in den verborgenen Ecken unseres Verstandes, sät Zweifel, attackiert mit Schuldgefühlen und verwüstet unser Selbstbewusstsein. Ich nenne ihn den *Perfekten-Mutter-Dämon* (oder PMD, nicht zu verwechseln mit PMS). Er ist kein auch nur ansatzweise realistisches Gebilde und basiert entweder auf unseren Erfahrungen mit unseren Müttern, kulturellen Erwartungshaltungen, Manipulation durch die Medien oder schlicht und ergreifend auf eigenen, unmöglich zu erfüllenden Vorstellungen. Obwohl jede Frau ihren ganz individuellen PMD hat, sind einige Merkmale immer gleich:

- Die perfekte Mutter ist *immer* da.
- Die perfekte Mutter sieht immer makellos aus, genau wie ihr Zuhause.
- Die perfekte Mutter verliert niemals die Geduld.
- Die perfekte Mutter nimmt an jedem Schulausflug und jedem Backnachmittag teil.

- Die perfekte Mutter kocht selbst, natürlich fettarm und vitaminreich.
- Die perfekte Mutter, sollte sie tatsächlich arbeiten, erfüllt trotzdem jeden dieser Punkte ... hundertprozentig.
- Und natürlich hat die perfekte Mutter perfekte Kinder.

Die meisten Mütter, mit denen ich spreche, haben unrealistische Vorstellungen und Erwartungen an ihr Muttersein. Viele sagen: „Was auch immer ich tue, wer auch immer ich bin, es ist niemals genug." Wir erwarten immer mehr oder denken zumindest, dass andere es tun. Egal, was Sie für Ihr Kind tun oder auch nicht tun, tief innen lauert der Verdacht, dass Sie doch irgendwie alles falsch machen. Im einen Moment denken Sie „Eigentlich läuft es doch ganz gut", im nächsten fühlen Sie sich als komplette Versagerin.

Eine Mutter hat es einmal so beschrieben: „Manchmal finde ich die große Verantwortung für diese kleinen Geschöpfe kaum zu ertragen. Tue ich das Richtige? Tue ich genug? Tue ich nicht viel zu viel ...?" Diese Worte stammen von der Mutter der Schriftstellerin Louise May Alcott, Autorin von *Little Women*, und stammen aus dem Jahr 1883! Offensichtlich schlagen sich Mütter schon sehr lange mit Schuldgefühlen herum.

Ich kann mich noch genau an den Tag erinnern, als mir ganz klar wurde, dass ich keine perfekte Mutter sein würde. Unsere älteste Tochter Samantha war ein sehr unkompliziertes Baby – keine Koliken, ausreichend Schlaf (für Eltern und Kind), kaum krank. Bis sie drei Jahre alt wurde, dachte ich also, dass ich mich als Mutter ganz wacker schlug.

Dann empfahlen mir Freunde ein Buch mit dem Titel *Trocken und sauber in einem Tag*. In nur drei bis vier Stunden sollte man durch einfache Verhaltensänderungen Kinder an das Töpfchen gewöhnen können, und ich wusste, dass etliche Mütter damit bereits gute Erfahrungen gemacht hatten. Also habe ich das Buch praktisch auswendig gelernt, eine sechsseitige Zusammenfassung geschrieben und mir den Tag ausgesucht, an dem Samantha trocken werden würde. Ich hatte Belohnungen besorgt, das Telefon abgestellt und wollte nun mit der bis dahin sehr fröhlichen und entspannten Samantha das „Töpfchen-Training" beginnen. Die folgenden sechs Stunden waren die frustrierendsten meines Lebens. Samantha brachte ihrer Puppe bei, aufs Töpfchen zu gehen, und die Belohnungen fand sie ganz hervorragend. Wir führten lange Unterhaltungen, während sie auf dem kleinen Thron saß. Gemacht hat sie allerdings nichts. Hatte ich aber das Töpfchen beiseitegeschoben und sie wieder angezogen, hatte ich fünf Minuten später eine Pfütze auf dem Küchenfußboden.

Ich fühlte mich wie eine Versagerin. Das Beispiel der Pawlow'-schen Hunde war Samantha offensichtlich völlig fremd! Um sechs Uhr abends machte ich ihr wieder die Windel um. Ich hatte nur noch drei Wünsche: ein heißes Bad, ein Glas Wein (und ich trinke wirklich nicht oft) und den Tränen freien Lauf lassen. Das Schlimmste war, dass Samantha natürlich sehr deutlich die Ungeduld und den Frust ihrer Mama bemerkt hatte und sich dementsprechend schrecklich fühlte. Ich hatte aus etwas eine große Sache gemacht, was sie überhaupt nicht verändern wollte, und wir haben erst nach etlichen Monaten einen weiteren Versuch gestartet. Aber an diesem Tag wurde mir zum ersten, aber beileibe nicht zum letzten Mal sehr bewusst, dass ich nie eine perfekte Mutter sein würde.

Kurz danach fiel mir beim Stöbern in einer Buchhandlung der Titel *Good Enough Mothers* von Melinda Marshall in die Hände. Meine spontane Reaktion war: Du wirst nie gut genug sein. Aber meine Aufmerksamkeit war geweckt, also kaufte ich das Buch. Es war eine große Hilfe, mich in dem Zwiespalt zurechtzufinden, der sich in dem Spagat, Familie und Arbeit unter einen Hut zu bringen, in mir aufgetan hatte. Keinen meiner Lebensbereiche – Leiterin, Mutter, Tochter, Freundin – schien ich wirklich gut zu bewältigen, von der Schaffung eines gemütlichen Heims mal ganz abgesehen. Durch Bücher, Gebet und offene Gespräche mit anderen Müttern erkämpfte ich mir jedoch die Freiheit, für mich persönlich und für meine Familie mein Muttersein ganz neu zu erfinden und Perfektionismus sowie an den Kräften zehrende Schuldgefühle hinter mir zu lassen. Natürlich kamen Zweifel auf, wenn meine vierjährige Tochter sich an mein Bein klammerte und Krokodilstränen vergoss, wenn ich an drei Vormittagen pro Woche das Haus verließ. Kurz nach meiner Ankunft im Büro rief allerdings unsere sehr einfühlsame und weise Kinderfrau Katie an und berichtete Folgendes: Ich war kaum aus der Tür, da versiegten Samanthas Tränen. Sie drehte sich um und fragte: „Und – was machen wir heute?" Meine Töchter besitzen beide ein relativ ausgeprägtes schauspielerisches Talent, und so musste ich erst lernen, objektiv einzuschätzen, ob und wie meine Berufstätigkeit sich tatsächlich auf sie auswirkte und wie wir als Familie am besten damit umgehen können.

Der Mythos: Es geht alles – und alles auf einmal

Melinda Marshall schreibt viel über Kompromisse und die trügerische Balance, um die die meisten Mütter sich bemühen, gerade auch, wenn sie berufstätig sind. Sie beschreibt das Leben einer berufstätigen Mutter mit einem Begriff, der zwar allgemein gebräuchlich ist, dem sie jedoch einen neuen Aspekt verleiht: Jonglieren.

Die Entscheidungen für berufstätige Mütter werden weitgehend durch die Neigung begrenzt, alle Rollen als moralisch oder ideologisch wesentlich und damit als gleich wichtig zu betrachten. Das nennt man Jonglieren, ein passender Ausdruck, denn er beinhaltet, dass alle Bälle in der Luft bleiben müssen, die Jongleurin also nie eine Pause machen kann – sie ist dazu verurteilt, alles in ständiger Bewegung zu halten, ohne jemals das befriedigende Gefühl erleben

zu dürfen, etwas erreicht bzw. zu Ende gebracht zu haben.
Wird die Jongleurin müde oder lässt ihre Konzentration
nach, gipfelt der Jonglageakt im Versagen: Das Publikum
beachtet das Jonglieren nur so lange, wie sie dem Unver-
meidlichen die Stirn bietet.[6]

Anstatt zwischen all unseren Verantwortungsbereichen nach
der perfekten Balance zu streben, sollten wir Mütter uns klarmachen, dass unser Leben eine Reihe von Kompromissen ist.
Die meisten wollen keine *Kompromisse* eingehen, aber ich
wage zu behaupten, dass sie für jeden Menschen alltäglicher
Begleiter sind. Wir entscheiden, ob wir uns die Zeit nehmen
wollen für Sport oder für einen Anruf bei unseren Eltern. Ob
wir den Staubsauger schwingen, ein Kind zum Fußballtraining
fahren oder uns mit einer Freundin zum Kaffee treffen. Wir
sind verantwortlich für all die kleinen Entscheidungen, die das
Gewebe unseres Alltags bilden.

Ich lernte: Wenn ich nicht meine Erwartungen an jeden meiner Lebensbereiche überprüfe und entsprechend dem Ergebnis an die Situation anpasse, würde ich unglücklich und mit
Schuldgefühlen beladen durchs Leben gehen. Erziehungsexper-
ten sind sich darin einig, dass eine unglückliche Mutter, selbst
wenn sie sich selbst als Märtyrerin sieht und alles aufgibt, um
nur noch für die Kinder da zu sein, weder sich selbst noch ihrer
Familie einen Gefallen tut.

Warren und ich haben gelernt, bei den unzähligen Entscheidungen und anstehenden Aufgaben, die jede Woche zu treffen
und zu erledigen sind, auf die Stimme des Heiligen Geistes zu
hören und ihr zu vertrauen. Nur so konnten wir Mutterschaft,
Vaterschaft und Gemeindedienst so gestalten, dass sie nicht nur
zu unserer individuellen Situation, sondern auch zu den Gaben
passen, die Gott in mich und uns hineingelegt hat. Ich weiß
wohl, dass sich das von anderen Frauen und Müttern unterscheiden wird, und das soll auch so sein. Jede geht ihren eigenen Weg, lernt aus ihren Fehlern, achtet auf die leisen inneren

„Stupser", die sie in eine bestimmte Richtung weisen. Muttersein ist eine Kunst, keine Wissenschaft.

Melinda Marshall spricht mir mit ihrer Beschreibung von Kompromissen aus der Seele:

> *Für die meisten Frauen sind Kompromisse ein Mittel und kein Zweck. Sie schrauben ihre Erwartungen nicht zurück, sondern wägen einfach sorgfältiger ab, welchen Preis sie für das Gewünschte zu zahlen bereit sind. Anstatt immer wieder auf dem herumzureiten, was sie nicht ändern können, konzentrieren sie sich auf das, was sie tun können und wollen. Anstatt alle Möglichkeiten als gleich wichtig und erstrebenswert zu betrachten, treffen sie eine echte Auswahl, indem sie Prioritäten setzen und das lassen, was nur dazu dient, die unrealistischen Erwartungen anderer zu erfüllen. Sie geben lieb gewordene Aufgaben und Rollen nicht einfach deswegen auf, weil sie es nicht schaffen, sie perfekt zu erfüllen. Erfolg ist für sie Balance, und sie erreichen ihn nicht, weil sie einen unvernünftig hohen Preis zahlen, sondern weil sie akzeptable Kompromisse eingehen ... Sie wollen nicht, dass das Leben einfach ist; sie wollen aber das Gefühl haben, dass es durch ihren Einsatz besser wird. Sie wollen nicht perfekt sein; sie wollen nur nicht, dass das von ihnen erwartet wird. Sie wollen einfach nur gut genug sein.*[7]

Ich gehe ständig Kompromisse ein. So hätte ich hinnehmen können, dass unser Haus nicht immer blitzblank ist (gut, um der Wahrheit die Ehre zu geben, es ist *nie* blitzblank). Aber ich habe mich entschieden, alle vierzehn Tage eine Putzhilfe zu engagieren. Ich weiß, dass das nicht selbstverständlich ist und viele Familien sich diese Unterstützung nicht leisten können. Das macht mich umso dankbarer. Als die Kinder noch klein waren, schaffte ich es doch regelmäßig zum Sport, und habe mich jedes Mal riesig darüber gefreut. Jetzt sind sie größer, da ist auch das einfacher. Eheabende, Treffen mit Freundinnen, kinderfreie

Wochenenden, Verzicht auf intensives Engagement in den Schulen meiner Kinder oder auf Gemeindedienste, die mit sehr viel Reisen verbunden sind – all das sind kleine Entscheidungen, die in ihrer Gesamtheit ein ganzes Leben ausmachen. Jede Familie ist einzigartig, jede Situation anders. Als die Mädchen noch klein waren, hatten wir das große Glück, dass Warren als Selbstständiger von zu Hause aus arbeiten konnte. Bei jedem Schritt auf meinem Weg war er ein unschätzbarer Begleiter. Er hat mir für den Gemeindedienst den Rücken frei gehalten und mir die Teilnahme an internationalen Konferenzen ermöglicht, was so manches Mal bis zu einer Woche Abwesenheit bedeutete. Nicht jeder Ehemann ist so flexibel, und es gibt Mütter, die bei der Kindererziehung von ihren Männern ganz oder teilweise alleingelassen werden. Ich bewundere alle alleinerziehenden Mütter, die sich dieser Herausforderung jeden Tag neu stellen und dabei sehr viel Mut und Durchhaltevermögen zeigen.

Das Leben als Frau und Mutter ist selten Routine. Immer wenn ich dachte, ich hätte einen festen Rhythmus für unser Familienleben gefunden, gab es eine Veränderung. Erziehungsarbeit bedeutet ständig neue Herausforderungen und damit ständig neue Kompromisse. Ich bin mir sicher, dass meine älteste Tochter sich irgendwann bei ihrer Therapeutin darüber beschweren wird, dass ich etliche Schulaufführungen mit dem dazugehörigen Fototermin verpasst habe. Durch sich überschneidende Termine und unklare Informationen seitens der Schule habe ich tatsächlich einige verpasst. Ihren Abschlussball im letzten Mai allerdings habe ich fest eingeplant und sämtliche Dienstreisen für diesen Monat abgesagt. Wenn ich aber unterwegs war, hat Warren stets alles aufgefangen. Wie viele moderne Väter zeigt er sehr viel Engagement, wenn es darum geht, das „System Familie Beach" aufrechtzuerhalten.

In der *Chicago Tribune* stand vor Kurzem ein Artikel mit der positiven Schlagzeile „Hey Mama, Studien sagen, du machst das gut". Darin ging es um eine Studie der Universität Maryland, die zu dem Schluss kommt, dass die heutigen Mütter mehr Zeit mit ihren Kindern verbringen als ihre Mütter vor vierzig Jahren. Obwohl die meisten Mütter das Gefühl haben, nicht genug zu tun, zeigt die Studie, dass sie sich in der Tat wacker schlagen, nicht nur bei generellen Familienunternehmungen, sondern auch in der Qualitätszeit für ein einzelnes Kind.[8] Für die meisten Mütter kommt diese Nachricht überraschend, gehen sie doch davon aus, dass sie an die Aufmerksamkeit, die ihre Mütter und Großmütter ihnen entgegengebracht haben, niemals heranreichen werden.

Ich bin davon überzeugt, dass eine Frau, die Jesus Christus engagiert nachfolgt, sehr genau einschätzen kann, wie sie als Mutter ist und was sie für ihre Familie leistet. Wenn wir uns von Schuldgefühlen nicht zermürben lassen, sondern uns ehrlich mit ihnen auseinandersetzen, entdecken wir vielleicht, dass wir einem bestimmten Lebensbereich nicht genug Aufmerksamkeit geschenkt haben und eine Veränderung fällig ist.

Ich habe für mich entschieden, nicht länger dem Bild von der Jongleurin nachzueifern, denn ich werde zwangsläufig Bälle fallen lassen und mich dadurch als Versagerin fühlen. Aber wir sollten auf das hören, was der Heilige Geist uns sagt und erkennen, wo wir mehr Zeit in Ehe, Familie und Verwandtschaft investieren sollten, in Gemeindearbeit oder Freunde. Und ist diese Phase vorüber, wenden wir uns mit Energie und Leidenschaft wieder den Bereichen zu, die eine Zeit lang nicht im Mittelpunkt standen. Das bedeutet für mich, mit Gott unterwegs zu sein, Tag für Tag und Augenblick für Augenblick. Wir können darauf vertrauen, dass unser Gott uns zeigen wird, was es heißt, gut genug zu sein und uns mit den Gegebenheiten auszusöhnen. Es gibt keine perfekten Mütter, und keine von uns wird erleben, dass alles geht – und schon gar nicht alles auf einmal.

Ich will auch eine „Ehefrau"!

Ich kann dieses Kapitel nicht beenden, ohne die klare Aussage, dass mein Weg als berufstätige Mutter sich erheblich von dem unterscheidet, was ich an meinen männlichen Kollegen beobachte, die ebenfalls Kinder haben. So manches Mal war ich neidisch auf diese Männer, deren Frauen sich für einen Weg als Hausfrau entschieden hatten und ihnen so ein sehr intensives Engagement für die Gemeindearbeit ermöglichten, ein Engagement, das mir in diesem Ausmaß nicht möglich war. Wie oft haben sie erzählt, natürlich ohne mich absichtlich verletzen zu wollen, wie ihre Frauen den Haushalt meistern, Chauffeursdienste für die Kinder übernehmen, bei den Hausaufgaben helfen und sich außerdem um all das kümmern, was sonst noch zum Leben gehört wie Arzttermine und die Inspektion für das Auto. Insgeheim habe ich dabei häufig gedacht: „Ich will auch eine Ehefrau!" Ich bin Warren unglaublich dankbar für all das, was er leistet, und trotzdem fühle ich als Mutter die Last der Verantwortung, alles zusammenhalten zu müssen.

Einige dieser klar umrissenen Geschlechterrollen verändern sich, und ich kenne etliche Paare, bei denen die Arbeitsteilung wirklich gut funktioniert. Wir haben die häusliche Verantwortung eher typisch aufgeteilt: Warren mäht den Rasen, räumt Schnee, kümmert sich in Sachen Auto und übernimmt die Finanzen. Ich bin verantwortlich für Mahlzeiten, Wäsche und Hausputz. Und weil mir Organisatorisches mehr liegt als ihm, habe ich auch die Familientermine im Blick. Wenn wir ein Wochenende zu zweit genießen wollen und die Kinder bei Familie oder Freunden lassen, muss Warren nur überlegen, was er mitnehmen will. Ich dagegen schreibe lange Listen mit Terminen der Kinder, Vorschlägen für Fahrgemeinschaften und Verabredungen zum Spielen, was dazu führt, dass ich zum Zeitpunkt unserer Abreise bereits völlig erschöpft bin! Die unbequeme Wahrheit ist allerdings, dass ich Dinge lieber selbst in die Hand nehme, weil ich dann sicher sein kann, dass alles klappt (bei anderen weiß man ja nie) oder weil ich mich doch recht gerne in der Rolle der Märtyrerin sehe.

Ich glaube, Kinder nehmen die Abwesenheit der Mutter ganz anders wahr als die Abwesenheit des Vaters. Wenn für mich eine Auslandsreise anstand, waren meine Mädchen immer völlig aufgelöst, besonders als sie noch klein waren. Daher habe ich die Tradition des *rosa Kalenders* eingeführt. Aus einem großen Tonkarton in Rosa habe ich einen Kalender gebastelt, an dem sie genau ablesen konnten, wann ich wieder zurück sein würde. Für jeden Tag gab es einen Zettel mit einer Nachricht, manchmal stand darauf auch *Heute ist Geschenketag*. Dann hat Warren ihnen ein kleines Geschenk gegeben, das ich vorher besorgt und versteckt hatte. Die beiden haben sich irgendwann so auf diesen Kalender gefreut, dass die Auslandsreisen ihrer Mutter ihnen gar nicht mehr so zu schaffen machten! Aber eines war doch faszinierend: Wenn Warren auf Dienstreise ging, gab es keine Tränen. Er wurde umarmt und herzlich verabschiedet, und alles war gut. Unsere Mädchen lieben ihren Vater, aber meine Abwesenheit hat ihnen doch sehr viel mehr zu schaffen gemacht. Manchmal macht mich das schier verrückt ... aber andererseits ist es natürlich schön, wenn man so vermisst wird.

Im Laufe der Jahre habe ich gemerkt, dass meine männlichen Kollegen nicht ganz verstehen, wie sehr sich mein Gemeindedienst von dem ihren unterscheidet. Ein Beispiel: Ein Kollege aus dem Leitungsteam schlägt ein Arbeitsfrühstück vor – um sechs Uhr morgens! Ich bin dann immer die Einzige, die sagt: „Es tut mir leid. Aber da kann ich nicht." Unsere Morgenroutine mit Frühstück und Fahrgemeinschaften zur Schule macht solche Termine zu einem Ding der Unmöglichkeit. Auch spontane Sitzungen oder gar Dienstreisen sind für die meisten kein Problem – bei mir allerdings lösen solche Vorschläge Bluthochdruck und hektisches Überlegen aus, ob das irgendwie hinzubekommen ist. Manchmal habe ich diese Probleme bei Kollegen angesprochen, mit denen ich sehr eng zusammenarbeite. Ich könnte natürlich so tun, als sei das alles machbar, aber das wäre hochmütig. Und natürlich ist auch immer ein bisschen Angst mit dabei, dass ich meinen Status verliere, wenn ich offen zu meinen Grenzen stehe.

Aber eines weiß ich: Wenn ich ab und zu nach funktionierenden Alternativen suche und ein etwas flexibleres Vorgehen einfordere, ebne ich damit anderen Frauen den Weg, mit denen die Männer in meinem Umfeld in Zukunft zusammenarbeiten werden. Aber auch Vätern, die ebenfalls Kompromisse eingehen müssen. In diesem Leben werde ich keine eigene „Ehefrau" mehr bekommen ... aber eine Vollzeit arbeitende Haushälterin oder ein Butler wären ein Anfang!

Unser Vorbild ist wichtig

Egal, wofür wir uns als Mütter entscheiden, ob wir berufstätig sind oder zu Hause bleiben, unsere Entscheidung wird immensen Einfluss auf unsere Söhne und Töchter haben. Kinder müssen in dem Bewusstsein aufwachsen, dass die Welt sich nicht allein um sie dreht.

Wenn ein Kind weiß, dass es geliebt wird, dass seine Eltern aber auch noch andere Interessen, Leidenschaften und Verantwortungsbereiche haben, ist bereits ein gutes Fundament gelegt. Die Beobachtung, dass Eltern sich um geistlichen Fortschritt und Einsatz der ihnen anvertrauten Gaben bemühen, hat auf Kinder langfristig Einfluss. Sind die Eltern verheiratet, können Kinder aus erster Hand miterleben, wie es ist, wenn die Ehepartner einander unterstützen und in gegenseitiger Rücksicht Freiräume schaffen, durch die sie sowohl einander im privaten Rahmen als auch anderen in einem weiter gefassten, vielleicht sogar globalen Umfeld dienen können.

Dafür aber müssen wir die wahre Quelle unserer Identität kennen, die sich nicht ausschließlich über das Elternsein definiert. Henry Cloud und John Townsend erinnern uns daran, dass Erziehung ein vorübergehender „Job" ist, keine Identität. „Eltern, die außer den Kindern kein eigenes Leben haben, vermitteln ihrem Nachwuchs, dass die Welt sich ausschließlich um ihn dreht ... Erfüllen Sie die Bedürfnisse Ihres Kindes, fordern Sie dann aber von ihm, dass es seine eigenen Bedürfnisse erfüllt, während Sie sich um die Ihren kümmern."[9] Was für ein Geschenk an unsere Kinder! Anstatt zu denken, dass Mama und Papa immer und ausschließlich für sie da sind, verstehen Kinder, dass andere Menschen und deren Bedürfnisse auch wichtig sind. Ich bin immer begeistert, wenn ich Kinder erlebe, die gemeinsam mit den Eltern Aufgaben übernehmen, herumexperimentieren und eigene Interessen und Gaben entdecken.

Ich kenne eine Mutter, die mit ihren Söhnen jeden Monat in ein Pflegeheim ging, in dem sie einige Bewohner sozusagen als Großeltern „adoptiert" hatten. Die Jungs beschwerten sich natürlich manchmal über das, was sie dort sahen und vor allem rochen, aber sie lernten, die eigene Bequemlichkeit für einige Stunden zurückzustellen und Mitgefühl zu entwickeln für einige der alten Menschen, die die meiste Zeit über ganz allein waren. Einige unserer Gemeindemitglieder bringen ihren Nachwuchs mit, wenn sie den Rasen am Gemeindezentrum mähen, die Soundanlage betreuen oder Essen ausgeben. Diese Kinder machen dadurch unglaublich wichtige Erfahrungen.

Vor einigen Jahren nahmen Warren und ich unsere Töchter mit in die Dominikanische Republik, in der mit einigen Gemeinden eine Zusammenarbeit besteht. Warren arbeitet im Bereich „Internationale Partnerschaften" und wollte unbedingt, dass Samantha und Johanna ihr behütetes Vorstadtleben einmal verlassen und sehen, wie Menschen in einem der ärmsten Länder der Welt leben müssen. Ich werde nie vergessen, wie ein Pastor aus Santo Domingo unseren Mädchen das unmittelbar an die Gemeinde angrenzende Stadtviertel zeigte. Sie sahen, dass ihr Zimmer zu Hause größer war als das, was dort teilweise ganzen Familien als Wohnraum zur Verfügung stand. Einige Tage lang waren sie mit einer Realität konfrontiert, die ihrem Verständnis von „Bedürfnis" und „Wunsch" eine ganz neue Dimension verlieh. Ich freute mich sehr, dass sie einmal hautnah erleben konnten, wie ihr Vater das tut, wozu Gott ihn berufen und begabt hat: benachteiligten Menschen helfen.

Beiden Töchtern habe ich meine Liebe zur Kunst vererbt, besonders zum Theater. Von klein auf waren sie bei den Proben in der Gemeinde dabei und haben erlebt, wie Musiker, Schauspieler, Tänzer und andere Künstler Demut, Authentizität und Kreativität auf qualitativ hohem Niveau einbrachten. Ursprünglich ging es mir eigentlich darum, die Kosten für den Babysitter zu sparen, aber sie haben nicht nur sehr viel gelernt, sondern auch Beziehungen zu anderen Erwachsenen aufgebaut, die ihren Glauben ebenso ernst nahmen wie ihre Eltern. Jetzt sind sie Teenager, und ich beobachte mit großer Freude, wie sie sich in Jugendveranstaltungen oder auch in den wöchentlichen Gottesdiensten engagieren, als Autorinnen, Schauspielerinnen und manchmal sogar als Regisseurinnen. Nichts ist schöner als mitzuerleben, wie die eigenen Kinder ihre Gaben ausleben in dem Wissen, dass sie genau am richtigen Platz sind!

Mutter zu sein und gleichzeitig hauptamtlich in der Gemeinde zu arbeiten ist die größte, komplizierteste und manchmal auch frustrierendste Herausforderung meines Lebens gewesen. Aber bis auf einige kleinere Veränderungen würde ich alles wieder ganz genauso machen. Ich weiß, dass ich als Mutter *gut genug* bin. Natürlich habe ich Fehler gemacht, aber im Grunde bereue ich nichts. Wenn Sie Mutter sind, dann hören Sie auf die leise Stimme des Heiligen Geistes und überlassen Sie unserem Gott die Führung auf Ihrem ganz individuellen Weg durch das Muttersein. Niemand kann das Drehbuch für Sie schreiben – Sie werden Ihre ganz eigene Geschichte (er)leben. Sie sind Teil eines größeren Ganzen, und dafür können Sie Gott danken, so wie ich es tat, als ich erfuhr, dass ich ein Baby in mir trug ... „Und jetzt noch dieses Sahnehäubchen!"

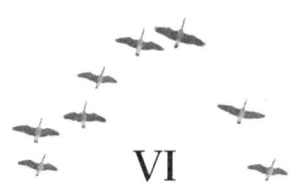

VI

Die eigene Stimme finden

Vor einigen Jahren rief mich eine College-Professorin aus North Carolina an. Sie heißt Jane Stephens und schrieb zu diesem Zeitpunkt gerade an ihrer Dissertation. Sie bat mich um ein Interview. Ich wollte natürlich Näheres wissen, und sie erklärte mir, dass sie Fallstudien über Frauen in Führungspositionen verschiedener Branchen anfertigen wolle, um die weibliche Stimme zu erforschen. Ich hatte keine Ahnung, was sie damit meinte, aber sie klang am Telefon sehr nett, und so beschloss ich, mich mit ihr zu treffen. Wir verbrachten also einen ganzen Nachmittag in meinem Lieblingsrestaurant, tranken viel zu viel Eistee und lernten einander kennen.

Ich traf auf eine unglaublich inspirierende Frau! Jane ist Professorin für englische Literatur an einem geisteswissenschaftlichen College, mit einem Arzt verheiratet und Mutter von sechs Kindern, von denen die beiden jüngsten adoptiert sind. Sie stammen aus Kenia, wo Jane im Zuge ihrer Doktorarbeit sechs Monate verbracht hatte. Schon die Vorstellung, wie bei ihr ein ganz normaler Tag aussehen musste, machte mich müde. Aber ich entdeckte eine Frau, die überraschend bodenständig und von freundlicher Offenheit war, eine gute Zuhörerin, interessiert, aber nicht unangenehm neugierig und aufgeschlossen gegenüber dem, was ich zu sagen hatte. Ich mochte sie auf Anhieb.

Sie stellte einfühlsame Fragen nach meiner Kindheit, nach Frauen, die mich beeinflusst hatten und schließlich landeten wir bei ihrem Kernthema: Die eigene Stimme finden. Jane erzählte mir, dass sie an einem der ersten von Willow Creek organisierten Leitungskongressen teilgenommen hatte und mich als junge Frau in zwei Bereichen erlebt hatte: In einer Plenumssitzung gab ich vorbereitete Kommentare ab, in einem Workshop beantwortete ich Fragen der – überwiegend männlichen – Teilnehmer. Damals war ihr aufgefallen, dass mein Kommunikationsstil in der Plenumssitzung ein ganz anderer war als in dem Workshop, und sie fragte, ob ihre Beobachtungen mich interessieren würden. Durch unsere angenehme Unterhaltung hatte sie bereits mein Vertrauen gewonnen, und so sagte ich Ja.

Sie erklärte, dass ich in der Plenumssitzung einen eher zögerlichen Eindruck gemacht hatte, dass ich zwar deutlich sprach, aber die Zuhörer nicht wirklich fesselte. Bei den Fragen im Workshop hingegen hatte sie das Gefühl, zum ersten Mal meine wirkliche Stimme zu hören. Die Fragen waren teilweise schwierig, und Jane nahm in meinen Antworten Offenheit, Leidenschaft und Entdeckungen wahr, die für mich in dem Moment anscheinend auch ganz neu waren. Kurz gesagt: *Ich wurde ich selbst.*

Wir versuchten herauszufinden, was es eigentlich bedeutet, die eigene Stimme zu finden, besonders für eine Frau in einem vorwiegend männlich dominierten Arbeitsumfeld. Sie legte mir sehr ans Herz, nicht einfach die Stimmen anderer zu kopieren, sondern mich auf die Suche zu machen nach meiner ganz eigenen und einzigartigen Stimme, sie zu bewahren und weiterzuentwickeln.

Das ist jetzt fünfzehn Jahre her, aber Janes Worte klingen immer noch in mir nach. Sie schrieb ihre Dissertation und veröffentliche einen Teil in einem Artikel (s. Anhang 2, Seite 188). Ihr Beitrag zur Kommunikation weiblicher Führungskräfte und die Unterschiede zwischen männlicher und weiblicher Rhetorik sind von immenser Bedeutung und schließen die Lücke zu früheren Forschungsarbeiten. Hier ein faszinierender Abschnitt aus Janes Arbeit:

Seit Aristoteles hat man Rhetorik definiert als „die Fähigkeit, alle verfügbaren Mittel zur Überzeugung zu entdecken", und die Geschichte von Herrschaft und Rhetorik ist die Geschichte derer, die Zugang hatten zu politischer Macht und einem öffentlichen Forum. Bis vor Kurzem konnten Frauen keinen dieser Vorteile nutzen, aber sie haben ihr Umfeld trotzdem erheblich beeinflusst, indem sie ihre eigenen „verfügbaren Mittel zur Überzeugung" entdeckten.

In der Geschichte sind Frauen immer wieder ermahnt worden, den Einfluss zu schätzen, den sie durch ihre Beziehungen zu Ehemännern oder Söhnen ausüben konnten; sie haben Einfluss genommen durch Überzeugung der Überzeuger und Information der Informierer.

Aus dieser Hintergrundposition heraus haben sie gelernt, sich die Macht der Sprache zunutze zu machen. Sie taten dies an Schauplätzen, die weniger öffentlich und formell waren als die traditionellen hierarchischen Foren: in Liedern und Geschichten, bei privaten Feiern und Klubtreffen, in Briefen und Gesprächen.

Damit haben sie eine Geschichte der Rhetorik und Einflussnahme geschaffen, mit der sie unsere Welt auf eine Art und Weise vorangebracht haben, die wir erst jetzt wirklich durchblicken, von der allerdings einige Aspekte unwiederbringlich verloren sind. Das hat Folgen gehabt auf die heute noch andauernde Geschichte von Frauen in Führungspositionen: Ihr Anteil ist geschmälert worden, nicht nur durch mangelnden Zugang zu direkter und legitimierter Autorität, sondern durch den fehlenden Bezug zu einflussreichen weiblichen Stimmen, die Geschichte stets mitgestaltet haben, die aber nie als Vorbild für die Nachwelt festgehalten wurden.

Wenn uns das verloren geht, was frühere Leiterinnen an Gedanken, Sprache und Metaphorik hinterlassen haben und wir stattdessen einen männlichen Leitungsstil favori-

sieren, wird dann nicht die nächste Generation von Leite-
rinnen zu dem, was Gloria Steinem „weibliche Imitatorin-
nen" nennt?[10]

Wie verhindert eine Frau, die in einem überwiegend männlich
dominierten Umfeld leitet und lehrt, dass sie zur bloßen Imitatorin ebendieser Männer wird?

Wie schafft sie es, ihre eigene, unverwechselbare Stimme zu
entdecken und ihr auch Ausdruck zu verleihen? Und wie definieren wir überhaupt Stimme?

Als ich Jane kennenlernte, war mir der Begriff „Stimme",
wie sie ihn verstand, vollkommen fremd – und auch heute noch
tue ich mich mit der Definition immer noch schwer. Bei unserem ersten gemeinsamen Mittagessen führte mich Jane in diesen Begriff ein, und durch ihre Veröffentlichungen habe ich ihn
zunehmend besser verstanden:

> *„Stimme" hat zwei Aspekte. Es geht darum, mit den eige-*
> *nen Instinkten in Berührung zu kommen, auf sie zu hören*
> *und ihnen zu vertrauen; Instinkt und Erfahrung müssen*
> *dann glasklar und unmissverständlich zum Ausdruck ge-*
> *bracht werden.*
>
> *Dies geschieht am Schnittpunkt zwischen Unsicherheit*
> *und Gewissheit und erfordert sowohl Verletzlichkeit als*
> *auch Präsenz …*
>
> *LeiterInnen müssen ihre eigene Stimme finden, müssen*
> *sich das nötige Rüstzeug verschaffen, mit dem sie ganz sie*
> *selbst sein können und müssen die Präsenz von Kolleginnen*
> *und Kollegen nicht nur klar wahrnehmen, sondern ganz*
> *annehmen und positiv nutzen.*
>
> *Eine Stimme haben heißt ganz präsent sein, sich akzep-*
> *tiert und dazugehörig fühlen, etwas zu sagen zu haben und*
> *gehört zu werden. Wer in einem Umfeld arbeitet, in dem*
> *jeder die eigene, echte Stimme mit einbringt, wird schon*
> *bald die immensen positiven Auswirkungen verspüren:*

Energie, Balance, Verständnis und Spaß erhalten eine ganz neue Tiefe.[11]

Welche Leitungspersönlichkeit würde sich nicht diese Art Stimme wünschen! Janes Worte wecken in mir den Wunsch, selbst „ganz präsent" zu sein und auch die „ganze Präsenz" meiner Kolleginnen und Kollegen „positiv wahrzunehmen und zu nutzen".

Dafür, und für das Experimentieren beim Entdecken der eigenen Stimme braucht es allerdings gut entwickelte Kommunikationsfähigkeiten. Als ich meine erste Führungsposition übernahm, habe ich – trotz meines akademischen Abschlusses in Kommunikation – völlig unterschätzt, wie wichtig die Fähigkeit ist, eine eigene Stimme zu entwickeln und beizubehalten. Im Laufe der Zeit merkte ich, dass die ganz normale Alltagskommunikation, mit der Leiter täglich zu tun haben, ein gewisses Handwerkszeug erforderte. Mein Weg als Kommunikatorin begann nicht vor großem Publikum, sondern in kleinen Büros und Sitzungszimmern, bei Arbeitsessen in Restaurants und Gesprächen mit ehrenamtlichen Mitarbeitern im privaten Rahmen. Bevor wir uns mit der Kunst der Kommunikation vor großen Gruppen beschäftigen, müssen wir zunächst einmal überprüfen, ob unser „Werkzeugkasten Kommunikation" das enthält, was für dieses intime, häufige und tägliche Interagieren nötig ist.

Hauptwerkzeuge für die tägliche Kommunikation

Für Leiter ist effektive Kommunikation keine Möglichkeit unter vielen, sondern absolute Notwendigkeit. Nicht jeder Leiter wird vor großen Gruppen sprechen müssen. Aber mit der filigranen Kunst der Kommunikation haben sie alle zu tun, jederzeit, bei jeder Begegnung, verbal wie nonverbal.

Die Vernachlässigung unserer Kommunikationsfähigkeiten ist hoch riskant. Jeder Kontakt mit einem Teammitglied ist Gelegenheit, Einfluss zu nehmen, Vision zu klären, Werte zu verdeutlichen, zu ermutigen, zu inspirieren oder auch zu korrigieren. In der Anhäufung dieser kleinen Momente kommt die Stimme des Leiters und der Leiterin zum Vorschein, und deshalb muss die Entdeckung und Entwicklung dieser unverwechselbaren Stimme für uns Priorität haben.

Die eigene Stimme in der Alltagskommunikation entwickeln

Ich habe mir angewöhnt, Sitzungen und Gespräche ganz bewusst zu reflektieren, und das hat mir bei der Entwicklung meiner Stimme sehr geholfen. Ich denke über mein Verhalten in diesen Begegnungen nach und kann so erkennen, ob meine Stimme stärker und beständiger wird. Dabei helfen mir Fragen, durch die ich mein Verhalten analysieren und Fortschritte bei der Entwicklung meiner Stimme entdecken kann. Hier sind einige davon:

- War ich mir bei dieser Sitzung/diesem Gespräch meines Standpunkts wirklich sicher? War mir klar, was das Thema in mir anrührt und wie meine Sicht dazu ist?
- Habe ich im Verlauf des Gesprächs, besonders auch, wenn andere ihren Standpunkt sehr eindringlich vertreten haben, meine eigene Haltung ständig hinterfragt?
- Habe ich bei der Konfrontation mit anderen Sichtweisen zu bereitwillig nachgegeben?
- War das, was ich sagte, auch wirklich das, was ich dachte? Habe ich Gedanken zurückgehalten?
- Hat mein Tonfall sich verändert, wenn die Sprache auf etwas kam, was mir wirklich am Herzen liegt? Entsprach mein Verhalten der Leidenschaft, die ich dafür empfinde, oder wollte ich mich schützen, indem ich so tat, als sei mir das alles nicht so wichtig?

- Wie habe ich mich am Gespräch beteiligt? Habe ich Monologe gehalten? War ich zu still? Oder habe ich genau die richtige Mischung erwischt?
- Sind mir nach dem Gespräch viele Dinge eingefallen, die ich eigentlich gerne gesagt oder anders vermittelt *hätte*, oder war ich zufrieden mit meinem Auftreten?

Manchmal kann es hilfreich sein, diese Fragen mit einem Kollegen oder, falls vorhanden, einer Kollegin zu besprechen. Dafür braucht es allerdings eine gute Vertrauensbasis. Feedback von Kollegen ist wie ein Spiegel, der uns zeigt, wie wir uns in Sitzungen und Gesprächen verhalten und wie wir kommunizieren. Es zeigt außerdem, ob Stimmentwicklung und -einsatz bestimmten Mustern folgen. Wir nehmen unser eigenes Verhalten oft ganz anders wahr als die Menschen um uns herum, und die Herausforderung besteht darin, zu einem klareren Bild von uns selbst zu kommen und herauszufinden, wo Stärken vorhanden sind und wo Verbesserungsbedarf besteht.

Neben der Entwicklung der eigenen Stimme müssen Leiter außerdem einige grundlegende Kommunikationsfähigkeiten einüben. Die folgenden Punkte mögen Ihnen wie ein „Grundkurs Kommunikation" erscheinen, aber ich bin immer wieder überrascht, wie häufig Leiter – und da schließe ich mich nicht aus – an diese Grundlagen erinnert werden müssen.

Grundlagen der Alltagskommunikation

Vier grundlegende Fähigkeiten sind meiner Meinung nach in der Kommunikation besonders wichtig: aufmerksames Zuhören, einfühlsame Fragen, „pädagogisch wertvolle" Momente und Widerspruch.

1. *Aufmerksames Zuhören.* Bei dem Wort *Kommunikation* denken die meisten Menschen automatisch an Reden. Viel wich-

tiger ist aber die Kunst des aktiven Zuhörens. In Gegenwart eines guten Zuhörers fühlen wir uns sicher und unglaublich wertgeschätzt. Meine Freundin Corinne beherrscht diese Kunst perfekt. Sie schenkt jedem Menschen, dem sie begegnet, ihre ungeteilte Aufmerksamkeit, und das zu beobachten ist schon fast atemberaubend. Wenn wir uns treffen, kann ich sicher sein, dass sie *ganz präsent* ist. Sie lässt sich von nichts und niemandem ablenken. In diesem Augenblick gibt es nur mich, und auch wenn mir meine Worte banal erscheinen mögen, zeigt Corinne großes Interesse, ja Faszination. Sie schenkt anderen ihre Augen, ihre Energie, ihr ganzes Engagement.

Durch das hohe Lebenstempo, das viele von uns fahren, ist die Fähigkeit zum aufmerksamen Zuhören rar geworden, aber trotzdem wichtiger denn je. Spricht ein Kollege oder ein Teammitglied einen Leiter auf dem Gang an oder erscheint zu einem Vier-Augen-Gespräch im Büro, ist es an der Zeit, das Handy auszuschalten, eingehende E-Mails und Anrufe vorübergehend zu ignorieren und den anderen mit unserer ungeteilten Aufmerksamkeit zu beschenken. Sollten andere Dinge doch dringlicher sein, muss man das offen ansprechen und das Gespräch eventuell auf einen späteren Zeitpunkt verschieben.

In Gesprächen passiert es mir häufig, dass meine Gedanken vorauseilen, dass ich überlege, was der andere wohl als Nächstes sagen wird, wie ich am besten darauf reagieren könnte, und manchmal unterbreche ich ihn oder sie sogar, um einen brillanten Kommentar abzugeben oder eine Beobachtung mitzuteilen. Aufmerksames Zuhören sieht anders aus!

Wir müssen lernen, uns auf Gespräche ganz einzulassen und uns klarzumachen, dass unsere Reaktion auch ruhig noch einige Augenblicke warten kann. So verkommt das Gespräch nicht zum bloßen Informationsaustausch, sondern wird zu echter Kommunikation.

Eine Freundin von mir kann einfach nicht abwarten, bis ihr Gesprächspartner fertig ist und beendet ständig die Sätze der anderen. Das führt dazu, dass wir die letzten Wörter eines Satzes häufig gleichzeitig aussprechen, und das wiederum ist komisch und auch ein bisschen unangenehm. Aufmerksames Zuhören soll dem anderen vermitteln, dass es in diesem Moment nichts Wichtigeres gibt, als das Gesagte zu hören und zu *verstehen*.

2. *Einfühlsame Fragen.* Außer aufmerksam zuzuhören müssen Leiter auch einfühlsame Fragen stellen können. Das sind Fragen, die über das Offensichtliche hinausgehen, den Gesprächspartner gedanklich herausfordern und das Gespräch so auf eine tiefere Ebene führen.

Selbst beim aufmerksamen Zuhören sind Leiter häufig versucht, spontan eine Antwort zu geben, eine Lösung anzubieten oder eine passende Empfehlung auszusprechen.

Wir sehen uns selbst als *Antwortperson*. Im Prozess des Dialogs sind Leiter jedoch mit der der Kunst des einfühlsamen Fragens häufig besser bedient.

Für das Stellen guter Fragen gibt es kein besseres Vorbild als Jesus. In den Evangelien finden sich etliche Beispiele dafür, wie Jesus seine Zeitgenossen mit bohrenden Fragen aus dem Konzept bringt. In Lukas 10,25-37 lesen wir, dass ein Schriftgelehrter Jesus mit der Frage auf die Probe stellen wollte: „Lehrer, was muss ich tun, um das ewige Leben zu bekommen?" Die meisten von uns hätten die Antwort parat, würden die vier geistlichen Gesetze anführen oder einen Bibelvers zitieren. Nicht so Jesus. Er antwortet mit einer Gegenfrage: „Was steht denn darüber im Gesetz Gottes? Was liest du dort?" Er zwingt sein Gegenüber dazu, selbst nachzudenken, sich an das zu erinnern, was er bereits im Gesetz gelernt hatte. Jesus beginnt einen sehr viel tiefer gehenden Dialog, der schließlich im Gleichnis vom Barmherzigen Samariter endet und noch mehr Fragen aufwirft, die für das Verständnis der Geschichte entscheidend sind.

Wenn ein Leiter/eine Leiterin uns eine solche Frage stellt, wird uns unsere eigene Verantwortung häufig klarer. Das Problem/die Frage wird zu einem Teil von uns, und wir fühlen uns aufgewertet, indem uns die Lösung zugetraut wird. Das liegt daran, dass einfühlsame Fragen den Fokus weg vom Leiter und hin zum Gesprächspartner richten und darauf abzielen, den anderen zu verstehen bzw. ihm zu einem besseren Verständnis seiner selbst zu verhelfen.

Ich muss an Judson denken, Mitglied in meinem allerersten Team. Wir sitzen uns an meinem Schreibtisch gegenüber und wissen beide genau, dass seine Arbeit ihn nicht länger ausfüllt und dadurch auch nicht die Ergebnisse bringt, die wir brauchen. Ich bin mir nicht sicher, wie ich ihn aus dieser festgefahrenen Position herausbringen und welche Vorschläge ich ihm machen kann, also entschließe ich mich, ihm einige Fragen zu stellen: „Judson, angenommen, es gäbe von Seiten der Gemeinde keinerlei Beschränkungen, wie sähe deine optimale Arbeitsplatzbeschreibung aus? Was müsste geschehen, damit du jeden Morgen hellwach aufstehst und voller Begeisterung zur Gemeinde fährst mit dem Gefühl: Das, was ich hier mache, ist genau das Richtige für mich?"

Judson schaute mich ungläubig an. Er konnte sich nicht vorstellen, dass irgendjemand sich wirklich die Mühe machen würde, eine Stelle zu schaffen, die nur auf seine Stärken zugeschnitten war, und zwar so perfekt, dass er über sich selbst hinauswachsen könnte. Ich nannte das die „Disneyland-Arbeitsplatzbeschreibung". Ich konnte ihm zwar nicht versprechen, dass jeder seiner Vorschläge sich eins zu eins umsetzen ließ, aber eines konnte ich versprechen: dass ich seinen Träumen Beachtung schenken und alles tun würde, diese Position durchzusetzen, sollte sie zu den Bedürfnissen der Gemeinde passen. Meine Fragen lösten einen Prozess aus, an dessen Ende Judson eine neue Rolle gefunden hatte, die er mit den Jahren immer weiter verfeinerte und die ihm meiner Meinung nach eine langfristige Perspektive für seinen Gemeindedienst vermittelt hat. Judson ist heute ein begeisterter und fröhlicher Kollege und tut das, was zu ihm passt. Ausgelöst wurde diese Veränderung durch einige passende, auf ihn ausgerichtete Fragen.

Können Sie sich auch an eine Gelegenheit erinnern, wo Ihnen eine solche Frage gestellt wurde? Wie haben Sie sich gefühlt?

Wenn Sie auch nur ansatzweise so empfinden wie ich, dann haben Sie sich wertgeschätzt gefühlt, und es hat Ihnen gutgetan, dass Ihr Gesprächspartner Sie nicht nur gehört hat, sondern Sie auch zu einem tieferen Verstehen führen wollte (der Frage wie auch Ihrer eigenen Person). Vielleicht haben Sie auch darüber gestaunt, dass jemand Ihnen mit ungeteilter Aufmerksamkeit zuhört und Ihnen damit ein kostbares Geschenk macht.

Wenn Sie in einer Leitungsposition stehen, dann lernen Sie die hohe Kunst der einfühlsamen Fragen. Diese Fragen sind kein Zeichen von Schwäche oder eine nur zweitklassige Reaktion, weil Ihnen die passenden Antworten fehlen, im Gegenteil: Dieser interaktive Ansatz wird in der Mehrheit der Fälle die Beziehung vertiefen und zu dem langfristigen Engagement führen, das Sie bei Ihren Teammitgliedern so gerne sehen möchten.

3. *„Pädagogisch wertvolle" Momente.* Jede Begegnung eines Leiters/einer Leiterin mit einem Einzelnen oder einer Gruppe birgt das Potenzial für etwas, das ich „pädagogisch wertvolle" Momente nenne. Das sind spontane Gelegenheiten, in denen die Vision geklärt oder Grundwerte weiter verdeutlicht werden können. Momente, in denen noch einmal ganz deutlich wird, *wer wir sind, und wer wir nicht sind.* Leiter schaffen eine Kultur, und die DNA dieser Kultur beinhaltet mehrere Aspekte: wie wir miteinander umgehen – in der Gemeinde und im beruflichen wie privaten Umfeld, aber auch welche Botschaften wir vermitteln bzw. wofür wir überhaupt stehen. Die Verletzung eines Grundwertes führt bei guten Leitern zu eindeutigen, vielleicht auch emotionalen Reaktionen, und wenn das Verhalten, das dazu geführt hat, nicht offen angesprochen wird, kann es leicht zu einer Abweichung vom eingeschlagenen Kurs kommen. Aber natürlich gibt es auch Momente, in denen Leitern auffällt, dass ein Wert nicht nur beachtet, sondern auch gut umgesetzt wurde. Ein guter Leiter zeigt entsprechende Begeis-

terung und wird diesen Wert dadurch weiter verdeutlichen und stärken.

Eltern kennen diese besonderen Momente. Bei einer Gelegenheit (gut, es war mehr als einmal) bedachte eine meiner Töchter ihre Schwester mit ziemlich unfreundlichen Ausdrücken. Ich rief beide zu mir, schaute ihnen in die Augen und sagte: „In dieser Familie sind wir freundlich zueinander. Draußen in der Welt werden wir auf Menschen treffen, die nicht freundlich zu uns sind. Aber hier, in unserem Zuhause, werden wir füreinander Zufluchtsort sein. Hier könnt ihr erwarten, dass ihr mit Liebe und Respekt behandelt werdet. Deswegen sind die Ausdrücke, die ich gerade gehört habe, völlig inakzeptabel, und ich erwarte, dass du dich bei deiner Schwester entschuldigst und in Zukunft sehr viel besser darauf achtest, wie du mit ihr sprichst." Ich wünschte, ich könnte sagen, dass ich das nur einmal ansprechen musste ... Aber das würden Sie mir sowieso nicht glauben!

Und so bieten sich auch im Gemeindedienst Gelegenheiten, Teammitgliedern direkt in die Augen zu schauen und zu sagen: „Kernanliegen dieses Teams ist ..." Eine Situation kann so zu einem ganz besonderen Moment werden. Ein Beispiel: In der Geschichte von Willow Creek gab es eine Zeit, in der die Gemeinde so schnell wuchs, dass sowohl haupt- wie ehrenamtliche Mitarbeiter an ihre Grenzen kamen. Natürlich freuten wir uns über die Menschen, die neu hinzukamen, aber mit der Aufgabe, eine Gemeinschaft zu schaffen, in der sie sich akzeptiert und geschätzt fühlten und die ihnen noch dazu eine Möglichkeit zur sinnvollen Mitarbeit bot, waren wir komplett überfordert.

Bei einer Mitarbeitersitzung sprach Bill Hybels dieses Problem sehr direkt an. Gemeindemitglieder und auch Besucher hatten sich darüber beschwert, dass die Mitarbeiter nicht auf Anrufe reagiert hatten (damals gab es noch keine E-Mails). Bill machte ziemlich deutlich, dass er das für inakzeptabel hielt. Er wusste: Wenn wir es nicht schafften, die sicherlich einschüchternde Größe der Gemeinde durch die Freundlichkeit der Mitarbeiter „menschlich" zu machen und so zu verhindern, dass Menschen sich alleingelassen fühlen, würden unsere Ziele unterminieren, besonders das eine, das zu unserem Mitarbeitermotto geworden war: *Menschen sind Gott wichtig, darum müssen sie uns auch wichtig sein.* Um den Ernst der Lage ganz klar zu machen, kündigte Bill an, dass er bei jeder weiteren Beschwerde in dieser Richtung den betreffenden Mitarbeiter ausfindig machen und feuern würde. Damit war ihm unsere ganze Aufmerksamkeit sicher! Und die Botschaft kam an. Uns war klar geworden, dass nicht beantwortete Telefonanrufe vollkommen dem widersprachen, *wer wir sind* oder *wer wir zumindest sein wollten.* Wir wollten dafür bekannt sein, dass wir Menschen als Individuen schätzen und ihnen unsere volle Aufmerksamkeit schenken.

Lassen Sie „pädagogisch wertvolle" Momente nicht ungenutzt verstreichen, denn sie sind eine gute Gelegenheit, Ihre Grundwerte deutlich zu machen und Ihr Team wieder „in Spur zu bringen".

4. Widerspruch. Von meinen Eltern haben meine Geschwister und ich häufig gehört, dass wir *nicht widersprechen* sollen. Und auch meinen eigenen Kindern habe ich diese Worte mit auf den Weg gegeben, wobei ich tatsächlich davon überzeugt bin, dass Kinder lernen müssen, elterlichen Anweisungen zu folgen, ohne erst exzessiv darüber zu diskutieren.

Problematisch daran ist, dass manche Erwachsene – und besonders Frauen – dieses Muster der Unterwerfung auch später beibehalten. Hinzu kommt die Tatsache, dass zwar sowohl Männer wie Frauen mit Widerspruch ein Problem haben mögen, dass aber Männer dafür gelobt werden, während man Frauen dieses Verhalten ankreidet. Viele Frauen müssen erst noch lernen, angemessen zu widersprechen, einen alternativen Standpunkt darzulegen, den Status quo infrage zu stellen und ihre ganz eigene Stimme zu erheben. Effektiver Widerspruch bedeutet nicht, dass eine Leiterin lautstark ihre Meinung kundtut und dabei offensiv, kontrollierend oder feindselig agiert. Vielmehr muss sie ihre „Widerspruchsmuskeln" von innen her aufbauen, durch konsequent vertretene Werte und Überzeugungen und mit der Bereitschaft, sich ihren Ängsten zu stellen und ihre Wut für eine klare, logische und leidenschaftliche Kommunikation zu nutzen.

Ich habe fast immer mit Männern zusammengearbeitet, die ihre Gedanken glasklar geäußert und ihren Standpunkt mit Festigkeit und Überzeugungskraft vertreten haben. Ihre Unerschrockenheit vermittelt ein solch hohes Maß an Autorität, dass man ihre Aussagen nur zu leicht für bare Münze nimmt und denkt: „Sie müssen ja recht haben, wenn sie davon so überzeugt sind."

Dass die vertretene Meinung so mancher Leiter sich letztendlich doch als falsch herausgestellt hat, hat mich mehr als einmal überrascht! Die Erkenntnis, dass selbst die besten Leiter nicht immer zu hundert Prozent recht haben, war für mich ernüchternd, hat mich aber dazu gebracht, mich mehr mit dem zu beschäftigen, was *ich* denke, was *ich* glaube und wann für *mich* der richtige Zeitpunkt gekommen ist, um mutig zu widersprechen. Das ist immer auch mit Angst verbunden, aber trotzdem ist für jeden Leiter Widerspruch unverzichtbarer Bestandteil im „Werkzeugkasten Kommunikation".

Vor einigen Jahren befand ich mich in einer Situation, in der ich deutlich widersprechen musste. Unsere Gemeinde befand sich gerade in einer schwierigen Übergangsphase, in der viele Abteilungen umstrukturiert wurden, darunter auch der Bereich Kunst. Mir war bewusst, dass sich manches würde ändern müssen, als ich aber hörte, welche neue Organisationsstruktur für uns vorgesehen war, wusste ich: Das geht so nicht. Neben der reinen Struktur gefiel mir auch die Art und Weise nicht, wie die Veränderungen umgesetzt werden sollten und wie man mit einigen langjährigen Mitarbeitern umzugehen gedachte.

Ich kann mich noch sehr genau an die Sitzung erinnern, in der diese Pläne den leitenden Mitarbeitern präsentiert wurden, und weiß auch noch, wie schwer es mir fiel, meine von dieser Linie so sehr abweichende Meinung äußern zu müssen. Die großen Veränderungen schienen schon so weit fortgeschritten zu sein, dass ich mich fragte, ob mein leiser Protest eine Chance hatte, überhaupt gehört geschweige ernst genommen zu werden. In dieser Sitzung und in vielen noch folgenden Einzelgesprächen versuchte ich, meine Bedenken ehrlich, leidenschaftlich, mit Würde und objektiv darzulegen. Es ist mir nicht gelungen. Manchmal gingen die Emotionen mit mir durch und meinen Worten fehlten Beweiskraft und ein fundierter Standpunkt. Manchmal gab ich der Überzeugungskraft anderer Stimmen nach in dem Wissen, dass ich nicht mithalten konnte. Einmal riskierte ich es, meiner Wut freien Lauf zu lassen, und war so erschrocken über die ebenfalls heftige Gegenreaktion, dass ich wütend den Raum verließ – was natürlich die Situation und auch meine Verfassung nicht gerade verbesserte.

Im Rückblick auf diese Phase meines Leitungsdienstes bereue ich meine nur schwach ausgeprägte Fähigkeit zum Widerspruch. Ich fühlte mich macht- und chancenlos und hegte noch nicht einmal ausreichend Hoffnung, die Veränderungen aufhalten zu können, bevor es zu spät war. Und wahr ist: Selbst ausgeprägtere Fähigkeiten hätten wohl nichts am Ergebnis geändert. Trotzdem war ich als Leiterin nicht gut genug vorbereitet, um in den entscheidenden Momenten meine Stimme laut und deutlich zu erheben. Ich hätte weiser sein müssen, hätte einen Weckruf loslassen müssen, der mir zumindest eine respektvolle Antwort eingebracht hätte sowie das Recht, bis zum Ende angehört zu werden.

Es gibt Zeiten, in denen Leiter einen anderen Standpunkt einbringen müssen, selbst wenn sie damit in der Minderheit sind, sich isoliert und einfach anders fühlen. Hören wir noch einmal auf die weisen Worte von Jane Stephens:

Echte Stimme ist die Erfahrung zu reden und nicht zu gehen; zu sagen, was wir wissen und mit unserem ganzen

Sein zu fühlen, dass es richtig ist, und dass wir davon nicht abweichen werden; uns stark zu fühlen – auch angesichts der Reaktionen der anderen.[12]

Je öfter wir riskieren, uns „in unserer eigenen Stimme stark zu fühlen" – auch bei Begegnungen mit Einzelnen oder kleinen Teams –, desto eher werden wir auch bei den großen Themen fest bleiben. Dafür braucht man viel Übung, und niemand wird über Nacht zur „Meisterin des ‚guten Widerspruchs'". Aber wir können besser werden.

Wie gut sind Sie in dieser Disziplin? Haben Sie in Besprechungen oder in Einzelgesprächen Ihre Stimme gefunden? Fühlen Sie sich in der Lage, eine gegenteilige Position einzunehmen? Können Sie einen Standpunkt mit innerer Stärke infrage stellen und dabei Ihre eigene Sicht der Dinge klar und deutlich darlegen? Geht es Ihnen so wie mir und brauchen Ihre „Widerspruchsmuskeln" noch ein bisschen Training, dann stellen Sie sich den Ängsten, die Ihnen den Weg versperren. Fürchten Sie, Sympathien einzubüßen? Ein stärkeres Gegenargument präsentiert zu bekommen? Nicht überzeugend genug zu sein? Nichts davon ist so schrecklich, wie wir es uns vielleicht vorstellen. Je mehr wir die sich bietenden Chancen nutzen und damit vielleicht auch so manches Risiko eingehen, desto eher werden wir entdecken, dass die Welt nicht untergeht, wenn wir widersprechen.

Der Autor und Unternehmensberater Patrick Lencioni sagt, dass alle gesunden Teams wissen, wie man fair kämpft, wie man eine Vielzahl an Meinungen zulässt und wie man es schafft, selbst bei unterschiedlichen Meinungen noch gut miteinander umzugehen. Das alles sind selten gewordene Fähigkeiten, besonders in christlichen Kreisen, und dies gilt vor allem, und es tut mir weh, das sagen zu müssen, für Frauen in Führungspositionen.

Ich möchte besser auf gute Weise widersprechen, wenn uns das weiterbringt, möchte es öfter tun und dabei nicht so viel Angst haben. Ich hoffe, dass das auch Ihr Wunsch ist.

Wenn wir daran arbeiten, aufmerksamer zuzuhören, einfühlsame Fragen zu stellen, „pädagogisch wertvolle" Momente zu nutzen und angemessen zu widersprechen, werden wir auf Einzelne wie auf Teams sehr viel mehr Einfluss ausüben können. Es gibt kaum Momente, in denen wir nicht kommunizieren – die Frage ist nur, wie effektiv wir es tun.

Der nächste Schritt: Predigt und Lehre!

Seit den Anfängen von Willow Creek, als wir uns noch im Kino trafen, hatte ich immer wieder einmal vor der Gemeinde gestanden, allerdings nicht, um zu predigen, sondern um den Predigttext zu lesen, Leute vorzustellen oder Informationen weiterzugeben. Irgendwann habe ich bei unseren Konferenzen auch Workshops angeboten, aber all das war natürlich nicht mit einer Predigt im Sonntagsgottesdienst zu vergleichen. Daher war ich mehr als erstaunt, als Bill mich eines Tages in sein Büro rief und fragte, ob ich vielleicht die Predigt für den Muttertag übernehmen wolle.

Bis zu diesem Zeitpunkt hatte noch keine Frau regelmäßig in unserer Gemeinde gepredigt. Im Gegenteil: Mit nur zwei Namen war die Liste der weiblichen Referenten eher übersichtlich. Darauf standen nur Jill Briscoe und die Schwester des ehemaligen US-Präsidenten Jimmy Carter.

Ich überlegte, wie ich Bill möglichst elegant absagen könnte. Durch die vielen ausgezeichneten Redner in meinem Umfeld sind meine Ansprüche an Predigt und Lehre sehr hoch. Ich war mir nicht sicher, ob das eine der Gaben war, die Gott in mich hineingelegt hatte, und wenn ja, ob ich sie auf das Niveau bringen konnte, das die Gemeinde erwartete und auch einforderte. Und: zum Muttertag! Damals war ich erst seit vier Jahren Mutter und betrachtete mich auf diesem Gebiet nicht gerade als Expertin. Würden die erfahrenen Mütter denn einer „Anfängerin" wie mir überhaupt zuhören? Und wie würde die Gemeinde auf eine Frau auf der Kanzel reagieren? War sie für diesen Schritt überhaupt schon bereit?

Trotz dieser Einwände machte mir eine leise innere Stimme Mut, das Risiko einzugehen und die Herausforderung anzunehmen. Und so begann mein Weg in Predigt und Lehre, der schließlich mit einem Stammplatz im Team der Lehrpastoren gipfelte.

Dass ich die Gabe der Lehre hatte, war für mich eigentlich keine Überraschung. Im Rückblick sehe ich, wie Gott mich schon lange darauf vorbereitet hat, diese Gabe zu nutzen, z. B. durch die gute Ausbildung, die ich im Sprecherteam meiner Highschool durchlief. Bill hat meine neue Rolle sehr weise vorbereitet, denn über einen längeren Zeitraum hinweg hatte die Gemeinde mich immer wieder auf der Bühne erlebt. Daher hatten die Menschen das Gefühl, mich bereits zu kennen, und ich glaube, sie vertrauten mir – als Mensch wie als engagierte Christin.

Trotzdem musste ich erst einige Zeit herumprobieren, um zu sehen, ob ich diese Gabe auch wirklich effektiv einsetzen konnte. Ob jemand die Gabe der Lehre besitzt, sieht man am allerbesten an der Reaktion der Zuhörer: Hören sie aufmerksam zu? Verstehen sie, was ich ihnen vermitteln möchte und setzen sie das in konkretes Handeln um? Und vor allem – und das ist das deutlichste Anzeichen – kommen sie wieder, wenn ich das nächste Mal auf dem Predigtplan stehe und möchten sie mehr von mir hören?

Ich weiß, dass viele Christen nach wie vor ein Problem mit Frauen auf der Kanzel haben, das sie mit entsprechenden Bibelstellen und der Tradition begründen (selbst meine Mutter spricht lieber davon, dass ich *lehre* und vermeidet das Wort *predigen*). Auch in Willow Creek war mein Predigtdienst für einige Gemeindemitglieder so schwer zu akzeptieren, dass sie sich über das Thema erst einmal mit den Ältesten auseinandergesetzt haben, und manche haben die Gemeinde sogar verlassen. Bill und die Ältesten haben mich vor den meisten dieser Gespräche bewahrt, aber ich habe natürlich gemerkt, dass meine neue Rolle teilweise sehr kontrovers diskutiert wurde.

Aber dann war es so weit: An einem schönen, sonnigen Sonntag im Mai ging ich mit zitternden Knien auf die Bühne (meine Freunde vom Produktionsteam saßen in der ersten Reihe und erzählten mir später, dass sich das Zittern meiner Knie direkt auf die Hosenbeine übertragen hatte). Um meine ersten Predigten überhaupt zu schaffen, musste ich mir vorher immer selbst Mut zusprechen: Die Leute, die dir zuhören, sind *für dich*, nicht gegen dich. Die meisten Menschen haben Panik, wenn sie in der Öffentlichkeit sprechen sollen. Gott hat dir durch seinen Heiligen Geist eine Botschaft gegeben und wird dir auch die Kraft geben, sie an den Mann bzw. die Frau zu bringen. Du wirst dein Bestes geben – und mehr kann man auch nicht erwarten.

Durch die guten bis sehr guten Redner, von denen ich lernen durfte, lag meine Messlatte für Predigt und Lehre sehr hoch, und ich war versucht, mich mit ihnen zu vergleichen. Dieser Versuchung zu widerstehen, war Teil meiner Herausforderung.

Meine Vorbilder für Predigt und Lehre in der Gemeinde waren fast ausschließlich männlich: Bill Hybels, John Ortberg, Andy Stanley, Erwin McManus, Donald Miller, Harvey Carey, Wayne Cordeiro. Wie konnte ich da meine eigene Stimme finden und nicht zur Imitatorin der Männer werden, für die ich so tiefen Respekt hegte und auch heute noch hege?

Ich musste und wollte von diesen Vorbildern lernen, dabei aber meinen ganz eigenen Stil entwickeln. Das war das Spannungsfeld, in dem ich mich befand. Wieder einmal musste ich lernen, was es heißt, ganz ich selbst zu sein, mich wohlzufühlen in meiner Haut und mich zu Authentizität durchzuringen – als Frau und als Christin.

Wie jeder, der die Gabe der Lehre hat, merke auch ich, dass ich besser werden kann und soll – durch Erfahrung, Beobachtung hervorragender Redner, Feedback von Coaches und wohlwollenden Zuhörern und vor allem durch ... üben, üben, üben. Die größte Herausforderung ist jedoch, meine eigene, ganz unverwechselbare Stimme herauszuarbeiten, indem ich lerne, meinem Leben zuzuhören und auf das Flüstern Gottes zu achten.

Meinem Leben zuhören

Die besten Redner, die ich kenne, beherrschen die Kunst, ihrem Leben zuzuhören, jene alltäglichen Momente und Erfahrungen wahrzunehmen, aus denen wir lernen können, die uns an Gottes heilige Gegenwart erinnern und das Fundament für Geschichten legen, die – wenn wir sie erzählen – eine Verbindung zu anderen herstellen und Identifikationsmöglichkeiten schaffen. Viele Jahre lang habe ich mich dabei von dem Autor und Pastor Frederick Buechner herausfordern lassen, besonders durch seine Worte aus *Now and Then*:

> *Die Kinder zur Schule bringen und Ihrer Frau einen Abschiedskuss geben. Mittagessen mit einem Freund. Abarbeiten der anstehenden Aufgaben. Das Prasseln des Regens gegen die Fenster. Nichts ist so gewöhnlich, dass Gott nicht auch darin gegenwärtig wäre, immer verborgen, immer Freiraum lassend, ihn zu erkennen oder nicht zu erkennen, aber in allem doch unglaublich faszinierend, fesselnd, ergreifend ... Wenn ich in wenigen Worten zusammenfassen sollte, was ich sowohl als Autor wie auch als Pastor zu sagen versuche, würde es wohl so klingen: Hören Sie Ihrem Leben zu. Sehen Sie es als das unergründliche Geheimnis an, das es ist: in Langeweile und Schmerz ebenso wie in Begeisterung und Freude: Berühren, schmecken, riechen Sie Ihren Weg zu seinem heiligen und verborgenen Herzen, denn letztlich ist jeder Moment ein Schlüsselmoment, und das Leben selbst ist Gnade.*[13]

Wenn ich meinem Leben nicht zuhöre, werde ich es nie schaffen, meine ganz eigene, authentische, unverwechselbare Stimme zu entwickeln. In den scheinbar so gewöhnlichen Momenten, die ich täglich als Tochter, Freundin, Ehefrau, Mutter, Nachbarin, Kollegin und Kind Gottes erlebe, höre ich das Flüstern des Heiligen Geistes, erkenne ich, welchen Versuchungen und Schwierigkeiten ich durch mein bloßes Menschsein ausgesetzt bin und stelle Zusammenhänge her, durch die Gott Einfluss nehmen kann auf das Leben der anderen.

Kommunikation heißt vor allem Kontakt. Jeder von uns hat schon Redner gehört, die beängstigend klug waren, faszinierende oder auch weniger faszinierende Informationen auf Lager hatten, und die doch nicht jene Brücke bauen konnten, durch die eine Verbindung zu unserem eigenen Leben hergestellt wird. Geschichten kommt hier eine bemerkenswerte Macht zu. Botschaften, die Kontakt zu den Zuhörern schaffen, gründen sich meist auf Geschichten, die ehrlich, gekonnt, einfühlsam und manchmal mit Humor erzählt werden. Geschichten, die den Zuhörer denken lassen: „Ja genau, so ist es. Das habe ich auch schon erlebt."

Wenn ich in unserer Gemeinde jemanden neu kennenlerne, geht es meist um eine meiner Predigten, und es sind fast immer die Geschichten, die hängen geblieben sind. In einer Predigt zum Thema Geduld habe ich von meiner Tochter Johanna erzählt, die eine Zeit lang ständig ihre Zahnspange verlegte. An einem Samstagabend, wir kamen gerade vom Gottesdienst nach Hause, beichtete sie uns zerknirscht, dass es wieder passiert war: Die Spange war verschwunden. Wahrscheinlich hatte sie sie auf dem Gemeindeparkplatz verloren. *Super!* Der Parkplatz ist riesig, und es war schon fast dunkel. Es bestand nicht der Hauch einer Chance, dass wir dieses winzige, gemessen an seiner Größe schon fast unanständig teure Stückchen Plastik wiederfinden würden.

Ziemlich ärgerlich befahl ich Johanna, wieder ins Auto zu steigen. Wir fuhren zurück zur Gemeinde, obwohl wir beide davon ausgingen, dass das wohl nichts bringen würde. Später erzählte sie mir, dass sie die ganze Fahrt über gebetet hatte, dass wir bloß die Spange wiederfinden. (Meine Tochter ist sehr viel „frommer" als ich: Sie betete, während ich vor Ärger schäumte, weil es „schon wieder" passiert war!)

Als wir ankamen, war der Parkplatz fast leer. Ich wusste noch ungefähr, wo wir geparkt hatten – was für mich schon mehr als ungewöhnlich ist. Stellen Sie sich meine Überraschung vor, als ich im letzten Sonnenlicht etwas auf dem Asphalt aufblitzen sah. Ich öffnete die Autotür, und da lag sie: Wir erlebten das Wunder der wiedergefundenen Spange. Johanna grinste nur und erzählte mir von ihrem Gebet. Sie hatte festen Glauben bewiesen, und das gab mir zu denken. Ich gab ihr die Spange, und wir machten uns auf den Heimweg.

Noch Jahre später konnte die Gemeinde sich an die Geschichte von der verlorenen Zahnspange erinnern. Sie wissen vielleicht nicht mehr genau, was ich sonst noch zum Thema Geduld gesagt habe, aber unser „Zahnspangenwunder" ist ihnen immer noch präsent. Wenn wir Geschichten erzählen, die mitten aus unserem Leben gegriffen sind, natürlich nicht, ohne vorher die Erlaubnis der beteiligten Personen eingeholt zu haben, fühlen die Zuhörer eine Verbindung zu uns. Durch die Geschichten aus unserem ganz normalen Familienalltag haben die Gemeindemitglieder – selbst die, die ich nicht persönlich kenne – das Gefühl, mich und meine Familie zu kennen.

Für mich als Rednerin ist es von immenser Wichtigkeit, meinem Leben zuzuhören und die darin enthaltenen Geschichten aus meiner weiblichen Perspektive weiterzugeben. Bill Hybels erzählt vom Segeln, Mike Breaux von Lastwagen, John Ortberg vom Surfen und Lee Strobel von Menschen, die sich nach einem Gespräch mit ihm im Flugzeug bekehrt haben. So etwas wird in meinen Geschichten niemals vorkommen. Ich werde von Dingen erzählen, die ich in meinem Pilateskurs erlebt habe, im Literaturkreis, bei den Basketballspielen meiner Tochter oder im Restaurant mit meinem Mann.

Wenn ich meinem Leben zuhöre und meine Geschichten erzähle, kommt eine Stimme zum Vorschein. Das ist meine Stimme, und sie kann auf eine Art und Weise mit Menschen Kontakt aufnehmen, die anderen Stimmen so nicht möglich ist. Manchmal denke ich, dass diese alltäglichen Augenblicke meines Lebens für andere uninteressant sind, aber meine Zuhörer finden sich darin mehr wieder, als ich vermute. In meinem Leben gibt es viel Potenzial zum „Brückenbau", denn es ist beides: ganz normal, aber gleichzeitig auch spektakulär, wenn es im Licht der Gegenwart und Macht Gottes betrachtet wird. Der Pädagoge und Autor Parker Palmer sagt, ein guter Lehrer muss im Spannungsfeld der Überschneidung von privatem und öffentlichem Leben stehen und dabei „den tosenden Verkehr an einer stark befahrenen Kreuzung aushalten, in dem das ‚Weben eines Netzes der Verbundenheit' einem halsbrecherischen Spaziergang auf der Autobahn gleicht".[14] Wir müssen den Mut haben, an dieser Kreuzung zu stehen und zuzulassen, dass unser Leben zum Gegenstand des öffentlichen Interesses wird.

In Predigt und Lehre sollten Sie nicht vorgeben, jemand zu sein, der sie nicht sind. Imitieren Sie nicht Stil, Stimme und Geschichten anderer, nur um akzeptiert zu werden. Vertrauen Sie darauf, dass Gott Ihnen eine Stimme gegeben hat, die gehört werden muss, und Geschichten, die in anderen etwas zum Klingen bringen, wenn sie offen erzählt werden und einen Zusammenhang zur ewigen Wahrheit herstellen. Im Grunde geht es doch um die größte aller Geschichten – um die Erlösung durch Jesus Christus. Wir vermitteln biblische Wahrheiten und wenden sie auf das an, was wir persönlich erlebt haben, und in Herz und Verstand unserer Zuhörer beginnt der Heilige Geist das Werk der Veränderung. Achten Sie auf jeden einzelnen Moment in Ihrem Alltag und werden Sie so zu einer Frau, die ihr Innerstes erforscht und sich von Gott gebrauchen lässt, um in das Leben anderer Menschen den frischen Wind der Veränderung zu bringen.

Auf Gott hören

Gott wirkt auch heute noch Wunder, davon bin ich fest überzeugt, und daher ärgert es mich, wenn andere diese für mich feststehende Tatsache anzweifeln. Wenn ein Mensch still wird und die leise, ruhige Stimme seines Schöpfers vernimmt, ist dies für mich eines der erstaunlichsten Beispiele für das Wirken übernatürlicher Macht. Wenn ich in Willow Creek oder einer anderen Gemeinde predige oder als Referentin zu einer Konferenz eingeladen werde, kommt es vor allem darauf an, dass ich mir Zeit nehme, um diese leise, ruhige Stimme zu hören und durch die Kraft des Heiligen Geistes zu erkennen, was Gott durch mich sagen will. Zunächst einmal finde ich heraus, was die Bibel zu dem Thema sagt, das Gegenstand meiner Predigt bzw. meines Vortrags sein soll. Wenn wir so zu aktiv Hörenden werden, bringt Gott sein Wort und die Erfahrungen unseres Lebens zusammen und zeigt, was für die, die uns zuhören, dran ist.

Gott spricht auch heute noch zu jedem, der zum Hören bereit ist – sei es im Auto, unter der Dusche, bei einem Spaziergang oder in einem Café. Diese Tatsache erstaunt mich immer wieder und ist für mich ein echtes Wunder.

In der Geschäftigkeit des Alltags muss jeder Leiter, jede Leiterin, die predigt oder lehrt, die geistliche Disziplin der Einsamkeit praktizieren. In der Hektik eines mit Lärm, Eile, Ablenkungen und Unterbrechungen angefüllten Tages wird Gottes Stimme nicht hörbar. Außerdem bin ich davon überzeugt, dass ich der Vorbereitung einer Predigt oder eines Vortrags die beste Zeit meines Tages schenken sollte. Für mich ist das der Vormittag. Mit Unterstützung anderer Leiter habe ich gelernt, so viele Vormittage wie irgend möglich frei zu halten von Sitzungen und anderen Verpflichtungen. Meist verbringe ich diese Zeit mit einer Tasse Tee und meinem Laptop in irgendeinem ruhigen Café. Das ist mein „Ort der Einsamkeit", und hier schaffe ich dem Heiligen Geist Raum, meine Gedanken zu lenken, mich auf die richtigen Texte zu stoßen und Aufbau und Illustration meiner Predigt festzulegen.

Im 1. Korintherbrief enthüllt Paulus das Geheimnis des Redens Gottes durch seine Jünger: „Was wir euch verkünden, kommt nicht aus menschlicher Klugheit, sondern wird uns vom Geist Gottes eingegeben. Und so können wir Gottes Geheimnisse verstehen, weil wir uns von seinem Geist leiten lassen" (1. Korinther 2,13). Für mich wird es immer ein Wunder bleiben, dass Gott Männer und Frauen dazu begabt, seine Stimme zu sein, die ewig gültigen Wahrheiten der Bibel deutlich zu machen und zu zeigen, wie sie für unser Leben relevant werden können. Wenn nicht die Kraft des Heiligen Geistes mir meine Worte in den Mund legen würde und ich mich nur auf menschliche Weisheit verlassen müsste, wäre ich nur eine Rednerin unter vielen und nicht Botschafterin Gottes.

Wenn ich mich zurückziehe und Ruhe einkehrt, mache ich mir immer bewusst, wie heilig und groß die Aufgabe ist, die ich zu erfüllen habe, ohne mich aber davon überfordern zu lassen. Wir müssen uns immer wieder vor Augen halten, dass Gott unsere Gemeinden mehr liebt als wir und dass ihm viel daran liegt, dass Gottesdienst und Predigt bei an Christus Glaubenden wie auch bei (noch) nicht an ihn Glaubenden ihre Spuren hinterlassen.

Wir sind dafür verantwortlich, auf die Führung des Heiligen Geistes zu achten, besser zu werden in dem, was wir tun, uns sorgfältig vorzubereiten und unsere Predigten mit Leidenschaft und auch einer gewissen Leichtigkeit vorzutragen. Das Ergebnis lassen wir in den Händen dessen, der allein Leben verändern kann.

Bereiten Sie regelmäßig Predigten oder Vorträge vor? Dann fragen Sie sich einmal, ob Sie sich genug Zeit nehmen, auf die Stimme Gottes zu hören. Achten Sie nämlich auf seine Stimme, finden Sie auch den Weg zu Ihrer eigenen.

Inzwischen predige ich seit mehr als einem Jahrzehnt regelmäßig. Manchmal wurde mir ein Wort der Ermutigung aufs

Herz gelegt, mit dem Menschen inspiriert werden sollten, den Augenblick zu nutzen und das Beste aus ihrem Leben zu machen. Manchmal musste ich der Gemeinde unangenehme Wahrheiten weitergeben, die manche Fragen an die Bibel aufwerfen und deren Umsetzung im Alltag nicht gerade ein Kinderspiel ist. Ich habe über Texte des Alten wie des Neuen Testaments gepredigt und dabei von meinen Vorbereitungen selbst immer am meisten profitiert. Im Laufe der Zeit hat sich in dieser neuen Rolle ein Aspekt herausgeschält, der mich überrascht und in eine andere Form der Stille geführt hat. Ich meine die Fähigkeit, die Jane Stephens „Die Kraft des Segnens" nennt.

Am Wochenende nach den furchtbaren Terroranschlägen vom 11. September 2001 wurde mir überdeutlich, wie wichtig ein Segen und ein bewusster Segenszuspruch sein können.

Am Nachmittag dieses tragischen Dienstags, als die Vereinigten Staaten unter den Terrorangriffen auf das World Trade Center ins Wanken geraten waren, kamen wir als Leitungsteam in Bills Büro zusammen. Wie vielen Leitern in unserem Land war auch uns klar, dass das ursprünglich geplante Programm für den kommenden Sonntag hinfällig geworden war. Wir mussten einen neuen Gottesdienst planen, in dem Schmerz, Verwirrung, Angst und das Gefühl, etwas Wichtiges verloren zu haben, thematisiert und aufgefangen wurden.

Neben den inhaltlichen Überlegungen musste auch geklärt werden, wer von uns in dieser Krise vor die Gemeinde treten sollte. Bill Hybels als Hauptpastor würde predigen, da waren wir uns schnell einig. Aber fast ebenso schnell richteten sich fragende Blicke auf mich: Wäre ich bereit eine Zeit des Gebets und der geistlichen Orientierung zu leiten? Im Team herrschte Einigkeit, dass die Gemeinde neben Bills auch meine Stimme hören musste.

An diesem Wochenende platzte nicht nur unsere Gemeinde aus allen Nähten: Der Parkplatz war schnell voll, und viele Menschen nahmen erheblich längere Fußwege auf sich, um ins Gemeindezentrum zu kommen. In allen drei Gottesdiensten gab es nicht einen einzigen freien Platz. Bei diesem tragischen Ereignis fanden selbst jene den Weg in die Gemeinde, die schon lange nicht mehr oder vielleicht noch nie einen Gottesdienst besucht hatten. Das Leben erschien plötzlich sehr unsicher, und für viele Menschen wurde Gott der einzig verbleibende Ankerpunkt. Sie sehnten sich nach Hoffnung und Gemeinschaft, wollten hören, wie es weitergehen sollte, jetzt, da nichts mehr so sein würde wie zuvor, da sich herausgestellt hatte, dass die Fundamente unseres Landes zerbrechlicher waren als gedacht. Und so kamen wir alle gemeinsam zur Gemeinde, suchten nach einem Sinn in all dem, was geschehen war, oder hofften zumindest auf ein wenig Trost in der Gemeinschaft, in der wir unsere Fragen und Gebete loswerden konnten.

An diesem Vormittag habe ich die Gemeinde in die Gegenwart des allerhöchsten Gottes geführt, dabei aber meine eigene Verwirrung und meinen Schmerz nicht verschwiegen, denn ich wusste ja, dass die Menschen, die da vor mir saßen, genauso verwirrt und verletzt waren wie ich. Und mir wurde klar: Das ist jetzt genau der richtige Platz für mich, hier soll ich sein. Ich habe tief Luft geholt und die allzeit gültigen Wahrheiten der Psalmen gelesen, die uns eine Perspektive auf die Ewigkeit hin eröffnen. Ich habe in meinem Gebet Gott ehrlich um Hilfe und Zuflucht angefleht. Das war es, was die Gemeinde in diesen Momenten brauchte und das ebenso in die Situation passte wie das nachfolgende Lied und Bills Predigt. Gott gebrauchte meine Stimme als einen unverzichtbaren Teil unseres Teams und als wichtiges Mitglied unserer Gemeindefamilie.

Von Gemeindemitgliedern habe ich immer wieder gehört, dass sie mich als „Mutter" unserer Gemeinde sehen. Noch ist mir nicht ganz klar, was ich mit diesem „Etikett" anfangen soll, aber Mutter zu sein ist eine sehr edle Berufung, und Gott sagt in der Bibel, dass er seinen Kindern sowohl Vater wie Mutter sein will. Andere haben gesagt: „Nancy, die anderen Leiter sind der *Kopf*, du aber bist das *Herz* unserer Gemeinde." Ein bisschen wehre ich mich gegen das Klischee, dass Leiterinnen Gefühlen und Emotionen eher Ausdruck verleihen als ihre männlichen Kollegen, aber ich weiß auch, welche Kraft dahintersteckt, wenn man tröstet, sich verletzlich zeigt und Gefühle und Bedürfnisse offen zur Sprache bringt – einschließlich des Bedürfnisses nach Bestätigung und Segnung. Wenn ich der Gemeinde einen Segen zuspreche, wenn ich die Menschen anschaue und ihnen die unglaubliche Liebe Gottes vor Augen male, ihnen sage, dass er ohne sie *nicht sein will,* und ihnen versichere, dass sie wertvoll sind, sehe ich das als heiliges Vorrecht an, das mich mit tiefer Ehrfurcht erfüllt. Ich kann immer besser akzeptieren, dass ich für unsere Gemeinde eine Art Mutter bin, denn das gehört doch zu mir und ist das, wozu Gott mich berufen hat.

Die Suche nach und die Entwicklung meiner Stimme sind noch lange nicht abgeschlossen. Die Gemeinde muss unbedingt mehr Stimmen von Leiterinnen hören, sowohl in kleinerem Rahmen, in dem die Vision geklärt und Teams inspiriert werden, als auch im größeren Rahmen von Seminaren oder Predigten. Egal, in welchem Rahmen Sie öffentlich reden, entdecken Sie Ihre unverwechselbare Stimme und benutzen Sie sie auch. Wir brauchen Frauen, die echt sind, die ihre Geschichten erzählen, uns mit ihrer Sicht der Dinge segnen, uns zu Höherem berufen, trösten und herausfordern, Zusammenhänge herstellen und Beziehungen schaffen, offenbaren, inspirieren, ein Bild der Zukunft malen und adeln. Ohne Ihre Stimme wird das Umfeld, in dem Sie sich bewegen, nicht so hell leuchten und nicht so intakt sein, wie es sein könnte. Bitte hören Sie Ihrem Leben zu, hören Sie auf Ihren Gott und zeigen Sie durch Ihre Worte, dass Sie das sind, wozu Gott Sie gemacht hat: eine in ihrer Persönlichkeit einzigartige Rednerin.

Ein kurzer Hinweis, bevor Sie Kapitel 7 lesen

Wir machen jetzt einen kleinen Umweg, der Ihnen vielleicht wie ein ziemlich abrupter Richtungswechsel vorkommt, für den ich aber gute Gründe habe. Als ich anfing, dieses Buch zu schreiben, hatte ich vor meinem inneren Auge sowohl männliche wie weibliche Leser. In meinen Predigten und Vorträgen wende ich mich stets an beide Geschlechter, und das erscheint mir auch völlig normal. Als jedoch die einzelnen Kapitel konkrete Formen annahmen, stellte ich überrascht fest, dass es doch hauptsächlich um weibliche Belange geht. Und so wurde jedes Kapitel persönlicher und „frauenzentrierter", als ich mir zu Anfang vorgestellt hatte. Das wiederum brachte mich in ein Dilemma: Wie konnten meine mutigen und klaren Fragen männliche Leiter in der Gemeinde erreichen, wenn die überwiegende Zahl der Leser wahrscheinlich weiblich sein würde?

So fiel also die Entscheidung für Kapitel sieben, das sich direkt an männliche Pastoren und Leiter in Gemeinden und Organisationen richtet. Natürlich ist mir klar, dass sie erst dann von diesem Kapitel erfahren werden, wenn sie jemand direkt darauf hinweist.

Eine Überlegung war, die entsprechenden Seiten zu perforieren, damit die Leserinnen sie herausreißen und an männliche Leiter weiterreichen können. So weit ist es dann nicht gekommen, aber Sie wissen jetzt, worum es mir geht. Natürlich würde ich mich freuen, wenn Männer das ganze Buch lesen, vielleicht auch nur diagonal, um die Herausforderungen zu verstehen, vor denen Leiterinnen stehen. Sollte das aber nicht so sein, ermutigen Sie als Leserinnen doch Männer, wenigstens Kapitel sieben zu lesen. Ich hoffe, dass dieser Brief Dialog und Fortschritt möglich macht. Und natürlich ist es auch für Frauen geschrieben.

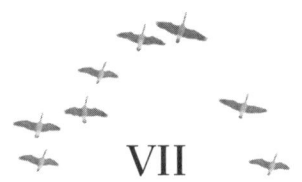

VII

Offener Brief an männliche Pastoren und Leiter

Lieber Pastor und Leiter,
wahrscheinlich hat Ihnen eine Frau dieses Buch gegeben mit der Bemerkung: „Du musst nicht alles lesen, aber Kapitel 7 wäre wichtig. Das ist nämlich extra für dich geschrieben." Obwohl sich wahrscheinlich auf Ihrem Schreibtisch die Bücher stapeln, die Sie noch lesen wollen (oder müssen) und Sie dieses Buch nicht freiwillig zur Hand genommen hätten, haben Sie doch zumindest bis zu diesem Satz ausgehalten. Danke. Die Tatsache, dass Sie sich diese paar Minuten Zeit nehmen, zeigt, dass Sie bereit sind, sich mit dem Thema Frauen in leitenden Positionen in der Gemeinde auseinanderzusetzen. Ich weiß, Ihre Zeit ist kostbar, und ich will mich bemühen, gleich zum Punkt zu kommen.

Ich schreibe im Namen von Frauen auf der ganzen Welt, die Jesus Christus lieben und die mit der Gabe des Leitungsdienstes und der Lehre betraut wurden. Ich schreibe im Namen von Frauen in Ihrer Gemeinde – jenen, die Sie bereits kennen und jenen, die noch im Hintergrund stehen. Was ich zu sagen habe, basiert nicht nur auf eigenen Erfahrungen, sondern auf unzähligen Gesprächen mit Frauen, die sich danach sehnen, in ihrer Gemeinde oder in ihrem Werk eine tragende Rolle zu übernehmen, die bereits leiten oder die sich voller Unruhe fragen, ob da irgendwo ein Platz für sie ist. Daher glaube ich, dass ich stellvertretend für viele Frauen spreche, die ihre Gaben der Leitung und Lehre in die Gemeinde einbringen möchten.

Vielleicht gehören Sie zu jenen, die Frauen die Möglichkeit geben zu leiten und zu lehren und sie darin nach Kräften unterstützen. In diesem Fall werden meine Worte lediglich das unterstreichen, was Sie bereits tun und Ihnen eventuell neue Anregungen geben. Vielleicht haben Sie aber auch grundsätzliche Bedenken zum Thema Frauen im Leitungsdienst. Dann bitte ich Sie lediglich, dass Sie offen an diese Zeilen herangehen.

Haben Sie einen festen Standpunkt zu diesem Thema bezogen, möchte ich Sie ermutigen, diese Sicht beizubehalten, aber mit einer Haltung der Demut und Offenheit. Craig Blomberg ermahnt uns in seinem komplementaristischen Beitrag zu dem Buch *Two Views on Women in Ministry* mit folgenden Worten:

> *Jeder, der über Geschlechterrollen spricht und schreibt, ist gut beraten, an Anfang oder Schluss jedes seiner Beiträge folgende Vorbehalte zu setzen: „Ich könnte mich auch irren" und „Ich respektiere das Recht evangelischer Mitchristen und Gemeinden, zu anderen Schlussfolgerungen zu kommen, und weil Einheit das ist, was die Sache Christi mehr als alles andere braucht, werde ich mit ihnen zusammenarbeiten, anstatt sie zu bekämpfen".[15]*

Mögen wir alle diese von Gnade und Respekt geprägte Haltung zeigen für ein Thema, das nur allzu leicht zu Uneinigkeit und Groll führen kann. Um des Reiches Christi willen müssen wir mit Worten und Einstellungen außerordentlich vorsichtig sein.

Beginnen möchte ich mit dem, *was* genau ich von Ihnen erwarte (sollten Sie sich auf meine Gedanken einlassen). Sie werden von konkreten Schritten lesen, die Sie gehen können. Danach werde ich beschreiben, *warum* dieses Thema so wichtig ist, nicht nur für Ihre Gemeinde, sondern auch für Ihr näheres und weiteres Umfeld, für Leitungsteam und hauptamtliche Mitarbeiter und für die nächste Generation.

Erwartungen

Wenn wir von konkreten Schritten sprechen, bitte ich Sie, sich auf eine dreifache Herausforderung einzulassen: sich intensiv mit dem Thema Frauen in leitenden Positionen in der Gemeinde zu befassen, dieses Thema ganz oben auf die Prioritätenliste zu setzen und sich so engagiert wie möglich für Frauen einzusetzen, die die Gaben von Leitung und Lehre haben.

Intensive Auseinandersetzung mit dem Thema

Jeder von uns hält an dem Bild von der Rolle der Frau in der Gemeinde fest, das er oder sie für biblisch fundiert und damit für richtig hält. Dieses Bild wird geprägt von Hintergrund, Erziehung, Traditionen von Gemeinde oder Denomination und von persönlichen Erfahrungen, die wir mit Frauen im Leitungsdienst gemacht haben.

All das mag hilfreich sein, ergibt aber trotzdem kein vollständiges Bild. Leider haben sich viel zu viele Leiter nicht ausreichend mit diesem Thema beschäftigt und sind überhaupt nicht kompetent, ihre Position wirklich nachvollziehbar und klar zu beschreiben. Dazu gehören sowohl diejenigen, die eine komplementaristische Sicht einnehmen (bestimmte Rollen für bestimmte Geschlechter), als auch diejenigen, die sich auf den egalitären Standpunkt stellen (gleiche Möglichkeiten für beide Geschlechter).

Sie sind wahrscheinlich eine Ausnahme, aber die meisten Leiter, mit denen ich spreche – Männer wie Frauen – haben (zumal einige keine Theologen sind) die entsprechenden schwierigen Bibeltexte zu diesem Thema nicht hinreichend studiert und können daher auf bohrende Fragen von Gemeinden oder Einzelnen auch keine vernünftige und wohl durchdachte Antwort geben. Sie nehmen Zuflucht zu halbgaren Allgemeinplätzen, die die Fragenden nicht zufriedenstellen und die Tiefe vermissen lassen, die solch ein wichtiges Thema verdient.

Ich möchte Sie also fragen: Wie intensiv haben Sie die Bibeltexte studiert? Das ist das Wichtigste. Und: Haben Sie Bücher gelesen, die auch einmal eine andere als Ihre Position zu diesem Thema vertreten? Haben Sie Kontext und Hintergrund der schwierigen biblischen Passagen beleuchtet? Können Sie Ihren Standpunkt fundiert begründen und verteidigen oder lautet Ihr Standardsatz: „Das haben wir doch schon immer so gemacht"?

Anhang 1 (Seite 181) enthält eine Liste mit Büchern, die vielleicht ein hilfreicher Anfang sein könnten. Nehmen Sie sich bitte die Zeit, tiefer in die Materie einzutauchen, und gehen Sie so offen wie möglich an die Sache heran, so als ob das alles ganz neu für Sie wäre. Lassen Sie vorgefasste Meinungen und frühere Erkenntnisse außen vor, oder – noch besser – stellen Sie ein kleines Team mit Leitern Ihrer Gemeinde zusammen, zu dem möglichst auch die Ältesten gehören sollten, das sich ehrlich und gründlich mit dem Thema beschäftigt.

Als unsere Gemeinde noch in den Kinderschuhen steckte, haben unsere Ältesten genau das gemacht. Dabei hatte Willow Creek den Vorteil, keiner Denomination anzugehören, und so standen uns alle Optionen offen. Wir konnten so lange mit dem Thema ringen, bis ein Konsens erreicht war. Mehrere Monate lang haben die Ältesten Informationen gesammelt, in der Bibel gelesen und sich über ihre Erkenntnisse ausgetauscht. Auch wenn sie zu einem anderen Ergebnisse gekommen wären, werde ich ihnen diese Sorgfalt immer hoch anrechnen. Sie haben sich damit den Respekt der Gemeinde verdient, auch derer, die das daraus entstandene Positionspapier (s. Anhang 3, Seite 208) nicht mittragen konnten. Niemand kann ihnen nachsagen, dass sie es sich mit dem Thema zu leicht gemacht hätten.

Noch einmal meine Bitte: Befassen Sie sich ernsthaft mit diesen Fragen. Mir ist durchaus bewusst, dass Bücher und Kommentare manchmal eher verwirren als klären, denn das Thema ist sehr komplex, und jede Richtung liefert überzeugende Argumente. Aber wir müssen bereit sein, auch Unstimmigkeiten hinzunehmen und auszuhalten – und die Angelegenheit zur Top-Priorität zu machen.

Machen Sie das Thema zur obersten Priorität

Durch meine Erfahrungen im Leitungsteam einer schnell wachsenden Gemeinde habe ich unmittelbar mitbekommen, mit wie vielen unterschiedlichen Themen Leiter von Gemeinden sich regelmäßig auseinandersetzen müssen, und ich habe volles Verständnis dafür, dass natürlich jedes Thema um einen Spitzenplatz auf der Tagesordnung kämpft. Von diesen Spitzenplätzen kann und darf es nicht zu viele geben, und so mussten wir im Gebet um Weisung bitten, welches Thema wann und in welchem Umfang für das Gemeindeleben wichtig war. Natürlich hatte dazu jeder Leiter eine eigene Meinung, und wir haben über die Reihenfolge so manch hitzige Debatte geführt. Aber diese Diskussionen waren gut, und ich habe sie sogar genossen, zeigten sie doch, wie sehr uns gewisse Themen am Herzen lagen.

Ich liege sicherlich richtig mit der Vermutung, dass auch auf Ihrer Tagesordnung momentan mindestens *ein Dutzend wichtiger Fragen und Themen* stehen, die um Ihre Aufmerksamkeit konkurrieren und für die Gesundheit, Lebendigkeit und Wirksamkeit Ihrer Gemeinde entscheidend sind. Trotzdem möchte ich Sie bitten, das Thema Frauen im Leitungsdienst ganz oben auf die Tagesordnung zu setzen. Es gibt gewisse Fragestellungen, die wir nur zu leicht beiseiteschieben, die wir monatelang ignorieren, und von denen wir insgeheim hoffen, dass sie in Vergessenheit geraten, weil uns klar ist, wie viel Arbeit und Mühe sie uns machen werden. Dazu gehört (bei uns jedenfalls) – neben der Frage, wie unsere Gemeinden multikultureller werden können – auch das Thema Frauen im Leitungsdienst.

Vieles andere brennt uns unter den Nägeln, da erscheinen solche Probleme unwichtig, ja wir nehmen sie nicht einmal als Problem wahr.

Und doch ist es dringlicher, als es auf den ersten Blick scheinen mag, und ein falscher Umgang damit kann unglaublich viel kaputt machen. Der Autor und Pastor John Ortberg sagte mir vor Kurzem: „Das Evangelium wird zunehmend unglaubwürdig, wenn die Gemeinde der einzige Ort in der Gesellschaft ist, an dem Frauen und Männer, die doch beide nach dem Bilde Gottes geschaffen sind, nicht gemeinsam dienen können." Auch wenn das nicht Ihre Meinung sein sollte, schreit das Thema doch geradezu danach, dass sich alle Leiter aktiv an der Suche nach den dazugehörigen biblischen Grundprinzipien beteiligen, um zu einer intelligenten und vom Heiligen Geist gewirkten Lösung zu kommen. So ein wichtiger Punkt darf uns einfach nicht gleichgültig lassen.

Die Frage, ob Frauen in der Gemeinde leitende Positionen einnehmen dürfen oder nicht wird mehr in den Blickpunkt geraten, wenn Sie den Frauen Ihrer Gemeinde einmal ganz bewusst zuhören. Laden Sie doch Frauen mit der Gabe der Leitung einzeln oder in einer kleinen Gruppe zum Essen ein oder zu einer Besprechung in Ihrem Büro.

Man braucht schon viel Mut, um sich genau mit denjenigen darüber zu unterhalten, die von Ihren Entscheidungen unmittelbar betroffen sind. Sind Sie aber bereit, einige wichtige Fragen zu stellen und aufmerksam zuzuhören, werden diese Frauen merken, dass auch jemand in Ihrer Position sich für diese Frage interessiert und offen ist, andere Meinungen zu hören.

Sollten Sie diesen mutigen Schritt wagen wollen, gebe ich Ihnen einige Fragen für Gemeindeleute an die Hand. Vielleicht wollen Sie die eine oder andere verwenden:

- Hast du in unserer Gemeinde schon einmal Gelegenheit zum Leiten gehabt? Entsprachen diese Gelegenheiten deinen Interessen und Herzensanliegen?

- Hast du den Eindruck, dass Teams, in denen auch Männer mitarbeiten, ein geschützter Raum sind, in dem auch du deinen Standpunkt vertreten und zu strategischen Entscheidungen beitragen kannst?
- Wie erlebst du unsere Gemeindekultur im Hinblick auf den Leitungsdienst von Frauen?
- Hast du den Eindruck, dass die Gemeinde dich im Ausüben deiner Gaben einschränkt?
- Ist die Position der Gemeinde zum Thema Frauen im Leitungsdienst klar, und erscheint sie dir sinnvoll?
- Gibt es Aussagen von männlichen Lehrern oder Rednern, die ausgrenzen oder verletzen, auch wenn keine Absicht dahintersteht?
- Gibt es sonst noch etwas, das ich wissen sollte?

Wenn Sie diese Fragen gestellt haben, sollten Sie den Frauen ausreichend Zeit zum Antworten lassen und gut zuhören. Widerstehen Sie der Versuchung, in die Defensive zu gehen oder gar einen Streit vom Zaun zu brechen. Jetzt geht es erst einmal darum, von den Erfahrungen dieser Frauen zu hören, ihnen mit Empathie zu begegnen und den Status quo Ihrer Gemeinde festzustellen. Wenn Sie sich auf einen echten Dialog mit diesen Frauen einlassen, garantiere ich Ihnen, dass das Thema ein ganz anderes Gewicht bekommen wird. Stellen Sie sich einem offenen Gespräch; was Sie hören, wird Sie vielleicht überraschen und sogar ernüchtern, und manchmal wohl sogar ermutigen. Aber das wissen Sie erst, wenn Sie gefragt haben. Haben Sie gut zugehört, werden Sie höchstwahrscheinlich zu einem der größten Befürworter von Frauen im Leitungsdienst werden.

Werden Sie zum größtmöglichen Befürworter
von Frauen mit der Gabe der Leitung und Lehre

Ich weiß nicht, wo – im Hinblick auf die Position, die Ihre Gemeinde hier einnimmt – die intensive Auseinandersetzung mit dem Thema und das Gespräch mit Leiterinnen Sie hinführen wird. Ganz unabhängig davon werden Sie aber entweder Frauen Möglichkeiten einräumen, in entsprechenden Positionen Einfluss zu nehmen, oder Sie lassen alles so, wie es schon immer war. Selbst wenn Ihre Gemeinde sich gegen einen Dienst von Frauen als Pastorinnen oder Älteste entscheidet, können sie in wichtigen Bereichen der Gemeinde trotzdem Leitungsfunktionen übernehmen – und ich meine damit ausdrücklich nicht Kinder- und Frauengruppen.

Stellen Sie sich einmal vor, Sie würden als Unbeteiligter von außen einen Blick auf Ihre Gemeinde werfen. Wie viele Frauen würden Sie auf verantwortungsvollen Positionen wahrnehmen?

Sind Frauen für den Begrüßungsdienst am Eingang eingesetzt? Übernehmen sie Moderation oder Lesungen im Gottesdienst? Leiten sie Lobpreis oder Gebetsgemeinschaften? Machen sie für die Gemeinde wichtige Ankündigungen? Gehen Sie in Gedanken das wöchentliche Gruppen- und Gemeindeleben durch. Dürfen Frauen Bibelstunden oder Glaubenskurse leiten, in unterschiedlichen Aufgabengebieten strategisch wichtige Entscheidungen treffen, ihre Meinung kundtun und erfolgreich arbeitende Teams aufbauen?

Als männlicher Leiter liegen die Schlüssel zu den tragenden Rollen in der Gemeinde in Ihrer Hand. Sie sprechen potenzielle Mitarbeiter an und sorgen für deren Förderung, und Sie entscheiden über die Besetzung hauptamtlicher Stellen.

Besteht in all dem Chancengleichheit für Männer und Frauen – sprich: Wird nach der Begabung statt nach dem Geschlecht gefragt?

Könnten Sie nicht ganz bewusst mehr Frauen ansprechen, sofern sie die nötige Qualifikation besitzen? Und wie sieht es mit der jüngeren Generation aus? Ist jemand da, der junge Frauen fordert und fördert? Werden diese jungen Frauen Ihre Gemeinde als einen Ort wahrnehmen, in dem sie ihre Gaben ganz einbringen können, oder wirken freie Wirtschaft und akademische Laufbahn auf sie sehr viel attraktiver?

Auch in Ihren öffentlichen Äußerungen können Sie sich als Unterstützer von Frauen im Leitungsdienst beweisen. Achten Sie einmal auf den Inhalt von Ankündigungen, Predigten und besonders persönlichen Illustrationen. Wie häufig bekräftigen Sie darin Würde und Wert von Frauen? Wie kommen Frauen in den Geschichten weg, die Sie erzählen? Pflegen Sie darin Klischees oder einen Humor, der verletzend und abfällig erscheint? Selbst wenn Ihre Frau Hausfrau und Mutter ist, sollten Sie nicht automatisch davon ausgehen, dass die Mehrheit der Frauen, die Ihnen zuhören, sich ebenfalls für diesen Weg entschieden hat. Und sie sollten auch vermeiden, Ihre Frau als leuchtendes Beispiel hinzustellen, denn viele Frauen haben die Entscheidung für die Berufstätigkeit nicht freiwillig getroffen. Manchmal haben sie einfach keine andere Wahl. Bitten Sie eine berufstätige Frau aus Ihrer Gemeinde darum, Ihnen gelegentlich ein Feedback darüber zu geben, wie Ihre Äußerungen und/oder Predigten bei ihr ankommen. Bitten Sie sie um schonungslose Ehrlichkeit und nehmen Sie sich zu Herzen, was Sie hören.

Bei den Beispielen, die männliche Kollegen in der Gemeinde oder auf Konferenzen verwendet haben, bin ich so manches Mal innerlich zusammengezuckt, und ich bin mir sicher, dass sie sich nicht im Klaren darüber waren, welche Verletzungen das anrichten kann. Sie sollten zwar in jeder Situation auf Ihre Worte achten, ganz besonders gilt das aber für das, was Sie von „vorne" sagen, denn Ihre Worte und Ansichten haben auf Männer und Frauen, Jungen und Mädchen mehr Einfluss, als Sie sich vielleicht vorstellen.

Mit ist vollkommen klar, dass die intensive Auseinandersetzung mit dem Thema, die Priorität, die Sie ihm einräumen sollen und die Rolle als Befürworter von Frauen im Leitungsdienst sehr viel verlangt ist. All das wird Zeit kosten und Ihnen höchstwahrscheinlich auch einiges an Kritik einbringen bis dahin, dass Mitglieder die Gemeinde verlassen und künftig nicht gerade freundlich über Sie sprechen werden. Wenn es darum geht, die Kosten für eine Sache zu überschlagen, dann taucht als logische Konsequenz die Frage nach dem „Warum" auf. Lohnt sich das überhaupt? Ich will versuchen, diese Frage zu beantworten.

Warum das so wichtig ist

Zuerst: Eine Frage müssen sich alle, die die Bibel lesen und auslegen, immer wieder stellen: Was steht wirklich im Text – und was lese ich womöglich mit den Augen meiner Prägung in den Text hinein; was sagt das Wort Gottes *selbst wirklich?*

Der erste Blick gilt also Gott und seinen Aussagen. Der zweite Blick gilt den Menschen – alles Frauen und Männer, Jungs und Mädchen, die Gott liebt und mit Gaben ausgerüstet hat.

Vier Gruppen werden davon profitieren, wenn Sie sich dafür stark machen, dass Frauen in Ihrer Gemeinde leiten und lehren dürfen und so zu mehr Einfluss und Autorität kommen: zunächst einmal natürlich die Gemeinde, dann aber auch das lokale Umfeld, Sie selbst und hauptamtliche Mitarbeiter und natürlich die jungen Frauen der Gemeinde – einschließlich Ihrer eigenen Töchter.

Vorteile für die Gemeinde

Eine Ortsgemeinde, in der der Leitungsdienst und Vermittlung von Werten etc. hauptsächlich von Männern ausgeübt wird, bringt sich selbst um viele positive Erfahrungen. Perspektive,

Stimme und die gesamte Erfahrungswelt von Leiterinnen ist etwas, wozu sowohl Männer wie Frauen in der Gemeinde Zugang haben sollten. In vielen Gemeinden sind die Frauen als Mitglieder und als aktive Mitglieder in der Überzahl. Und würden sich die Frauen aus der aktiven Gestaltung des Gemeindelebens unter der Woche zurückziehen, müsste wohl jede Gemeinde bereits morgen ihre Pforten schließen. Wenn wir uns um die Möglichkeit bringen, von Frauen zu hören, uns an ihrem Erleben und ihrer Weisheit zu orientieren, wenn wir sie daran hindern, sich in Teams zu engagieren, die Gaben anderer zu entdecken, kreativ zu sein, strategisches Denken beizusteuern, ihre meist sehr ausgeprägte Fähigkeit zum Zuhören einzusetzen und ihre Erfolgsgeschichte in emotionaler und Beziehungsintelligenz einzubringen – unser Gemeindeleben würde um so vieles ärmer. Warum sollten wir das wohl wollen? Eine Gemeinde kann nur stärker werden, wenn ihre Frauen so viel wie möglich *teilhaben* dürfen – und dieser Begriff ist für mich mehr als bloße Teilnahme.

Ich fühle mich häufig sehr ernüchtert, wenn ich Frauen begegne, die sich damit abgefunden haben, dass in ihrer Gemeinde ihre stärksten Gaben nicht gefragt sind und sie damit nichts wesentlich bewegen können und die daher ihre Gaben und Talente an anderer Stelle einbringen – in der Wirtschaft, in gemeinnützigen Organisationen oder in Forschung und Lehre. Das ist mehr als bedauerlich. Viel zu viele Frauen haben erlebt, dass ihre Gemeinde ihnen keine verantwortungsvollen Aufgaben überträgt, und erleben doch im „weltlichen" Umfeld, dass genau das möglich ist, dass sie leiten, managen, lehren und Strategien entwerfen dürfen. Berufstätigkeit und auch ehrenamtliches Engagement in der Woche stehen im krassen Widerspruch zu dem, was die Gemeinde ihnen „sonntags" an Möglichkeiten bietet. Dabei herrscht doch in den meisten Gemeinden in fast jedem Bereich ein eklatanter Mangel an qualifizierten Leitern. Den potenziellen Beitrag eines gesamten Geschlechts auch und gerade zu Leitungspositionen zu ignorieren, bedeutet für das Reich Gottes einen fast unwiederbringlichen Verlust.

Auch im Bereich der Lehre braucht Ihre Gemeinde die weibliche Stimme mehr, als den meisten männlichen Leitern klar ist. Früher habe ich gedacht, dass vor allem Frauen den Input von Leiterinnen brauchen. Das sehe ich heute anders. Frauen sprechen andere Bereiche der Seele an als ihre männlichen Kollegen, und darum sind sie für Männer mindestens ebenso wichtig wie für Frauen. Vor Kurzem stand ich am Flughafen in Chicago in der „Schlemmermeile" in einer langen Schlange. Ich hatte einen längeren Flug vor mir, und weil die meisten Fluglinien keine Mahlzeiten mehr servieren, wollte ich mir noch schnell einen Salat kaufen. Ich kam mit dem Herrn in der Schlange vor mir ins Gespräch, der sich als Mitglied unserer Gemeinde herausstellte. Nach einigen Minuten sagte er: „Ich möchte unser Gespräch nicht beenden, ohne Ihnen für eine kurze Unterhaltung zu danken, die vor ungefähr einem Jahr nach einem Gottesdienst stattfand, in dem Sie gepredigt hatten. Sie werden sich wahrscheinlich nicht mehr daran erinnern, aber für mich war das ein echtes Aha-Erlebnis."

Ich hatte ein schlechtes Gewissen, weil ich mich an dieses Gespräch überhaupt nicht erinnern konnte, und entschuldigte mich.

Er sprach weiter: „Ich hatte Angst vor dem Moment, wo ich im Himmel vor Gott stehen und über mein Leben Rechenschaft würde ablegen müssen. Ich wusste, ich bin gerettet, aber in mir waren viele Selbstzweifel, und vieles, was in meinem Leben geschehen war, tat mir leid. Unser Gespräch hat meinen Blick wieder geradegerückt. Sie haben mich an dem Tag einen großen Schritt weitergebracht."

Just in dem Augenblick war seine Bestellung fertig. Er bezahlte und ging, aber ich konnte noch die Tränen in seinen Augen sehen. In diesem lange zurückliegenden Gespräch war etwas sehr Bewegendes geschehen, und dieser Mann dankte schlicht und einfach einem Mitglied seines Pastorenteams.

Männer haben sich schon unzählige Mal bei mir bedankt: für meine geistliche Sichtweise, für freundliche Worte bei ihrer Taufe, für Ratschläge an sie als Ehemänner und Väter – einfach für die weibliche Perspektive, die für sie durch mich ein wenig greifbarer wird. Männer brauchen Segenszuspruch und Orientierungshilfe von Leiterinnen genauso wie von Leitern. In der Bibel gibt es etliche Verse, die Gott männliche Eigenschaften zuschreiben, aber manchmal wird sein göttliches Wesen auch explizit weiblich, sogar mütterlich beschrieben (Jesaja 66,13; Matthäus 23,37; Psalm 91,4; Psalm 131,2). Wir alle brauchen sowohl die väterliche wie auch die mütterliche Seite Gottes, und unsere Gemeinden erhalten dieses wundersame Geschenk durch Stimme und Leitungsdienst von Männern und Frauen.

Daher birgt jede Möglichkeit zum Leitungsdienst, die Sie als Pastoren und Leiter Frauen einräumen, das Potenzial, Ihre Gemeinde ganzheitlicher zu prägen und ihr geistlich noch besser zu dienen – mag das auch mit so manchem Risiko verbunden sein. Werden Sie sich darauf einlassen? Ich garantiere Ihnen, dass Ihre Gemeinde mit der Zeit gesünder, stabiler und ausgeglichener werden wird und dass die Menschen, die dazugehören, Jesus ähnlicher werden, weil sie Lehre und Leitung von Männern und Frauen erleben, die ihren Glauben ernst nehmen und ihre von Gott verliehenen Gaben an der richtigen Stelle einbringen.

Vorteile für kirchenferne Menschen

Neben dem, was die Menschen in Ihrem lokalen Umfeld von der Gemeinde denken, werden sie auch darauf achten, welche Rollen Frauen spielen, und wie Sie mit dem Thema Frauen im Leitungsdienst umgehen. Dies ist eine der Fragen, die jungen Menschen am meisten unter den Nägeln brennt, so Autor und Pastor Dan Kimball, und einer der Hauptgründe dafür, dass viele nicht nur in keine Kirche oder Gemeinde gehen, sondern sich erst gar nicht mit dem christlichen Glauben auseinandersetzen. In seinem hervorragenden und provozierenden Buch *They Like Jesus but Not the Church* schreibt er: „Menschen, die die Gemeinde von außen sehen, halten uns für einen Männerklub und schließen daraus, dass hier als offizielle Auffassung vertreten wird, Frauen seien nicht so zu schätzen und zu respektieren wie Männer. Diese Schlussfolgerung hält viele Menschen auf Abstand, die ansonsten der Gemeinde genug vertrauen würden, um sich auf die Gemeinschaft mit uns einzulassen."[16]

Menschen, die Gott fern stehen, erleben in Politik, Unternehmen, akademischen Institutionen und Unterhaltungsindustrie starke und begabte Frauen, die zunehmend mehr Einfluss ausüben. Die gesamte Subkultur der Gemeinde erscheint dagegen veraltet und fern von dem, was diese Menschen im Hinblick auf Potenzial, Fähigkeiten und notwendige Chancen für Frauen glauben und auch wahrnehmen. Haben Nichtchristen, wenn sie Ihre Gottesdienste besuchen und Ihre Leitungsstrukturen analysieren, das Gefühl, in eine längst vergangene Zeit katapultiert worden zu sein, und fragen sie sich, wo denn wohl bei Ihnen die starken Leiterinnen sind?

Welches Bild vermitteln wir unserem Umfeld über Wert und Einsatzmöglichkeiten von Frauen, und was vermitteln wir vor allem der jungen Generation, diesen leidenschaftlichen Verfechtern von Chancengleichheit, für die Hautfarbe, soziale Herkunft und Geschlecht keine Rolle mehr spielen? Selbst wenn Ihre Gemeinde zum Thema Frauen im Leitungsdienst eine eher konservative Haltung einnimmt, können Sie Frauen trotzdem auf vielfältige Art und Weise zeigen, dass Sie sie schätzen, respektieren und andere Möglichkeiten der Einflussnahme für sie schaffen. Wenn wir als eine Gemeinschaft wahrgenommen werden wollen, die auch der nächsten Generation Offenheit und Teilhabe anbietet, müssen wir dem Thema Frauen im Leitungsdienst Beachtung schenken. Sonst werden uns viele Menschen einfach abschreiben und fernbleiben – der Gemeinde und vor allem Gott.

Viele männliche Leiter wissen bereits um den wertvollen Beitrag, den Frauen als Leiterinnen leisten können, andere hingegen haben sich noch nicht dazu durchringen können, konkrete
Schritte auf Frauen zuzugehen. Vielleicht ist Ihre Gruppe von
Entscheidungsträgern rein männlich besetzt, und Sie müssen
sich über Arbeitsbeziehungen zu Frauen und ihre Beteiligung
an Entscheidungen nicht den Kopf zerbrechen. Das fühlt sich
angenehm an und – sollten Sie diesen Gedanken zulassen – für
Sie persönlich auch „so, wie es sein sollte". Ich glaube allerdings, dass Ihnen ohne weibliche Kolleginnen wichtige Chancen verwehrt bleiben, Ihren eigenen Leitungsdienst zu bereichern und voranzubringen. Effiziente Leiterinnen können in
Ihren Kreis ihre Perspektive einbringen, Fingerspitzengefühl,
Kreativität, besondere Kommunikationsfähigkeiten und ein
Gespür für emotionale Intelligenz. Natürlich sind diese Bereiche nicht ausschließlich weibliche Spezialgebiete, aber Frauen
bringen doch eine Dimension in Ihr Team hinein, die das Bild
von Ihrer Gemeinde, Ihrem lokalen Umfeld und auch von Gott
ganzheitlicher macht. Ihr Team wird gesünder und, so meine
Vermutung, auch effizienter sein.

In ihrem Buch *See Jane Lead* schreibt Dr. Lois P. Frankel,
dass Frauen gerade in den Bereichen überragend sind, die für
das erfolgreiche Ausüben einer Leitungsposition allgemein als
ausschlaggebend angesehen werden. Dazu gehören:

- Entwurf einer Vision, mit der Mitarbeiter sich identifizie-
  ren und für die sie sich engagieren, sowie einer Strategie
  zu deren Umsetzung
- Kommunikationsfähigkeit, die Vertrauen schafft
- Motivation von Mitarbeitern, sich auf gleichbleibend ho-
  hem Niveau für vereinbarte Ziele zu engagieren
- Aufbau von Teams, die wechselseitige Abhängigkeit und
  Synergie verstehen und schätzen

- Ausübung emotionaler Intelligenz
- Risikofreude zum Wohl der Gemeinde/des Unternehmens
- Aufbau eines starken Netzwerks, das das Erreichen von Zielen und beruflichen Erfolg unterstützt[17]

Dr. Frankel sagt, dass „ein genauer Blick auf die Liste zeigt, dass das genannte Verhalten dem entspricht, was Frauen aufgrund ihrer Sozialisation als Erbauerinnen und Bewahrerinnen eines Heims üblicherweise zeigen ... Das Überleben von Frauen war schon immer davon abhängig, dass sie genau jenes Verhalten an den Tag legen, das die heutige Gesellschaft so dringend braucht."[18]

Im Gottesdienst Ihrer Gemeinde sitzen jeden Sonntag einige bemerkenswerte Frauen. Frauen, die die ganze Woche über Leitungspositionen ausüben, Frauen, die Leben, Weg und Kultur Ihrer Gemeinde unglaublich positiv beeinflussen könnten. Die großen Herausforderungen, vor denen Ihre Gemeinde momentan steht, erfordern den aktiven Einsatz dieser Frauen, aber sie werden ihn nur dann leisten, wenn sie auch das Gefühl haben, willkommen zu sein. Abhängig von dem, was sie in Ihrer Gemeinde beobachten, werden sie entscheiden, ob sie den Versuch wagen oder ob es nicht doch besser ist, im zweiten Glied zu bleiben.

Haben Sie Leiterinnen mit in die Arbeit eingebunden, werden Sie bereits gemerkt haben, welchen unschätzbaren Beitrag sie leisten im Hinblick auf Freude, Lebendigkeit und emotionale Gesundheit von haupt- und ehrenamtlichen Mitarbeiterteams. Die meisten männlichen Leiter, die dieses Risiko eingegangen sind, werden zugeben, dass einige ihrer stärksten Leiter Frauen sind, von deren unglaublicher Weisheit nicht nur der Leiter in wichtigen Entscheidungssituationen seines eigenen Lebens profitiert hat, sondern auch die Gemeinde. Sei es nun Veranlagung oder Anpassung an die Kultur – Frauen können im Allgemeinen – wenn auch nicht immer – die Atmosphäre in einem Raum erspüren, menschliches Verhalten intuitiv richtig beurteilen und

Teams aufbauen, die auf den Säulen von Offenheit und gegenseitiger Unterstützung ruhen.

Sie brauchen ihren Einsatz mehr, als Ihnen das womöglich momentan bewusst ist.

Natürlich birgt die Einladung von Frauen in den „inneren Kreis" auch Risiken, einschließlich sexueller Versuchung, einem eventuellen Überschreiten von Grenzen und zu große emotionale oder körperliche Nähe. Männer und Frauen, die gemeinsam in einer Gemeinde arbeiten, haben schon immer mit sexueller Sünde zu kämpfen gehabt, auch wenn die betreffende Frau keine Leitungsfunktion innehatte. Anstatt allerdings diese potenziellen Probleme zu verdrängen, sollten Sie vielmehr eine Kultur schaffen, in der Sie offen darüber sprechen, wie Männer und Frauen miteinander umgehen wollen, was zu tun ist, wenn verheiratete Mitarbeiter sich zu einem anderen Teammitglied hingezogen fühlen, auf welcher geistlichen Basis Sie arbeiten wollen und wie Beziehungen geschaffen werden können, die als Kontrollinstanz fungieren, und in denen direkte Fragen auch bezüglich sexueller Reinheit erlaubt sind. Das *ist* möglich, und der Aufwand lohnt sich in jedem Fall.

Das erste Treffen des Leitungsteams mit einer Frau oder die erste Predigt einer Frau mag seltsam und total ungewohnt sein. Ein Team oder eine Gemeinde kann aber rechtzeitig auf solch einen Übergang vorbereitet werden. Wenn geplant ist, einer Frau zum ersten Mal einen Platz im Leitungsteam oder Ältestenkreis anzubieten, sprechen Sie ganz offen über das Ungewohnte, vielleicht auch unangenehm Fremde, das diese Situation für alle Beteiligten mit sich bringen wird. Lassen Sie dem Team Zeit, sich an den Gedanken zu gewöhnen und Bedenken abzubauen. Es macht keinen Sinn, so zu tun, als würde damit nichts Neues und anderes beginnen.

Wird eine Frau Mitglied des Predigtteams, führen Sie sie langsam in diese Aufgabe ein. Vielleicht übernimmt sie zunächst nur die Ankündigungen, eine Gebetsgemeinschaft oder eine kurze Einleitung. Geben Sie der Gemeinde Gelegenheit, sich an eine

Frau als Rednerin zu gewöhnen und im Idealfall einen guten Kontakt zu ihr aufzubauen. Lassen Sie bei dieser Entscheidung größtmögliche Sorgfalt walten. Unterstützen Sie diese Frau so gut wie möglich, denn Mitarbeiter und Gemeinde werden Signale wahrnehmen und deuten. Machen Sie bei jeder sich bietenden Gelegenheit ganz deutlich, dass Sie auf der Seite dieser Leiterin stehen, dass Sie großes Vertrauen in sie setzen und dass Sie von den anderen einen respektvollen Umgang erwarten.

Das klingt nach viel Arbeit und noch mehr Risiko. Binden Sie aber starke Frauen in Ihre Gemeindearbeit mit ein, werden Sie eines Tages zurückschauen und sich überhaupt nicht mehr vorstellen können, wie es war, bevor Frauen leitende Positionen eingenommen haben. Seien Sie derjenige, der an dieser Stelle Mut beweist – um Ihrer selbst und um Ihrer Gemeinde willen.

Vorteile für die junge Generation – einschließlich Ihrer eigenen Töchter

Gut, vielleicht haben Sie keine eigenen Töchter. Irgendwie allerdings doch, denn Sie beeinflussen junge Frauen innerhalb und außerhalb Ihrer Gemeinde. Ihre Entscheidungen zum Thema Frauen im Leitungsdienst, das Ausmaß, in dem Sie sich für Veränderung einsetzen und den Dienst von Frauen ermöglichen, werden auf nachfolgende Generationen Signalwirkung ausüben. Junge Mädchen werden entweder zu der Überzeugung kommen, dass es in ihrer Gemeinde Raum für sie gibt, oder sie werden sehr schnell merken, dass diese Tür ihnen verschlossen bleibt.

Vor einigen Jahren hat mir der Pastor einer kalifornischen Gemeinde von seinem Weg mit diesem Thema berichtet. Seine geistliche Heimat im Mittleren Westen der USA war eine Gemeinde und Denomination, die einen sehr konservativen Standpunkt vertrat. Er erlebte nie, dass eine Frau vor der Gemeinde oder in einem Leitungsteam eine wichtige Rolle übernahm.

Und er dachte, das sei normal und biblisch und richtig – bis er selbst Töchter bekam.

Ab diesem Zeitpunkt begann er, seinen Hintergrund und seine Überzeugungen zu hinterfragen, besonders als beide Mädchen eindeutige Leitungsgaben und kommunikative Kompetenz zeigten. Was sollte er ihnen sagen über ihre Möglichkeiten innerhalb des gemeindlichen Rahmens, besonders auch in seiner eigenen Gemeinde? Hatte Gott einen Fehler gemacht, indem er den Mädchen diese Gaben gegeben hatte? Er war verwirrt. Schließlich beschloss er, sich intensiv mit dem Thema auseinanderzusetzen und einen Weg zu beschreiten, durch den er sich eine allmähliche Veränderung für eine Denomination erhoffte, die nicht den Anschein machte, als würde sie ihre festgefügten, traditionell geprägten Überzeugungen je lockern.

Die kommende Generation von Frauen braucht dringend männliche Leiter, die den Mut zur Veränderung aufbringen und auch beibehalten. In den meisten Gemeinden liegt die Macht momentan überwiegend in männlicher Hand. Solange nicht einige von ihnen Bereitschaft entwickeln, Standpunkte zu überdenken und sich damit auch manchen Ärger einzuhandeln, solange wird sich daran nicht grundlegend etwas ändern; und als Folge werden immer mehr junge Frauen in ihrer Gemeinde vor sich hindümpeln oder sich dafür entscheiden, ihre Fähigkeiten, Intuition und Leidenschaft in einem anderen als dem gemeindlichen Rahmen einzubringen. Ihr Potenzial für den Bau des Reiches Gottes wird uns damit verloren gehen.

Ich komme nun zum Schluss dieses Briefes, den ich in der Lobby eines der berühmtesten Luxushotels der Vereinigten Staaten schreibe. Ich habe dafür einige Stunden unseres kostbaren Familienurlaubs abgezweigt, was mein Mann und meine Töchter mir allerdings nicht übelnehmen, weil sie noch schlafen. Wir haben genau gegenüber von diesem Hotel ein Ferienhaus gemietet und die Mädchen haben schon einige Male versucht, einen Blick auf den Pool und eventuell anwesende Promis zu erhaschen. Im *People* Magazin stand, dass das hier durchaus möglich sein könnte. Ein befreundeter Pastor von hier hat mir gut zugeredet und gemeint, ich könne mich mit meinem Laptop ruhig in die Lobby setzen – es sei doch gut, wenn Gottes Leute überall sind und tun, was sie zu tun haben.

Jetzt bin ich mir allerdings nicht mehr so sicher, ob ich hierher gehöre. Die prachtvollen Blumenbouquets, die glänzenden Holztische, die Designersofas, das prasselnde Kaminfeuer (draußen sind fünfundzwanzig Grad!) und vor allem die Security mit den kleinen schwarzen Ohrstöpseln verunsichern mich doch sehr. Eigentlich rechne ich jeden Moment damit, dass ein Mann im schwarzen Anzug auf mich zukommt und fragt, wie ich es wagen kann, den Kunden dieses Etablissements, die für ein Zimmer achthundert Dollar pro Nacht hinlegen, die Luft zum Atmen wegzunehmen.

In meiner Gemeinde habe ich im Laufe der letzten dreißig Jahre oft ähnlich empfunden. Wir sind zwar Vorreiter gewesen, was den Leitungsdienst von Frauen angeht, aber trotzdem gab es für mich als erste Frau im Leitungsteam und als erste Frau im Pastorenteam Momente, in denen ich mich fragte, ob diese Position wirklich zu mir passt, ob es richtig und gut für mich ist, mir Zugang zu dem Männerklub zu verschaffen, in dem für Frauen manchmal einfach kein Platz zu sein schien. Durchgehalten habe ich vor allem deshalb, weil der Heilige Geist mich immer wieder aufgefordert hat, durchzuhalten und die Aufgabe zu erfüllen, zu der er mich berufen hat. Aber es gibt noch einen Grund, warum ich in meiner Gemeinde auch heute noch in Leitungspositionen arbeite, und das sind starke Männer, die mich in ihre Teams eingeladen und mir vermittelt haben, dass ich zum Wohle aller durchaus etwas Wichtiges beizutragen habe. Ich schulde ihnen großen Dank, denn für sie wäre es sehr viel einfacher gewesen, dem bis dahin geltenden allgemeinen Standpunkt zu folgen und mir – und damit auch anderen Frauen – den Zugang zu ihrer Welt zu verwehren.

Sie müssen sich entscheiden. Sie können das Thema beiseiteschieben, hoffen, dass es sich mit der Zeit von selbst erledigt und sich auf die anderen Probleme Ihrer Gemeinde konzentrieren, die zweifelsohne auch wichtig sind. Sie können aber auch weiter zuhören, lernen und zur Triebkraft der Veränderung werden. Zum Zuhören könnte gehören, dass Sie auch noch den Rest dieses Buches lesen, um zu verstehen, was Frauen erleben, die ihre Leitungsgaben, die sie von Gott bekommen haben, für Gott und die Menschen in der Gemeinde einbringen wollen. Sie könnten sich mit einer starken Leiterin oder mit einer ganzen Gruppe zum Essen verabreden und damit eine so zwanglose Atmosphäre schaffen, dass sie Ihnen bereitwillig von dem berichten, was sie bewegt. Sie können die Bibel und entsprechende Literatur studieren und sich vom Heiligen Geist zeigen lassen, wo Ihre Gemeinde vielleicht noch mehr tun kann.

Ohne mich dafür rechtfertigen zu wollen oder zu müssen, möchte ich Sie auffordern, mutig zu sein und gewissenhaft zu prüfen: für Ihre Gemeinde und für den Einfluss, den sie in Zukunft ausüben wird, für sich selbst und Ihre Mitarbeiter und für all jene Frauen, die im Hintergrund Warteposition bezogen haben und sich fragen, ob es irgendwo einen Platz für sie gibt. Da wartet so viel Potenzial, das geweckt werden will. Wir zählen auf Sie.

VIII

Ein eigener Stamm von Vertrauten für den notwendigen Rückhalt

Ich saß in meinem Lieblingscafé und starrte auf den leeren Bildschirm meines Laptops, auf dem eigentlich langsam die Predigt für den kommenden Sonntag entstehen sollte. In Chicago herrschte wunderbares Wetter, und die Sonne hatte mich auf die Terrasse gelockt.

Leider kann man bei vollem Sonnenlicht auf einem Computerbildschirm rein gar nichts lesen, aber ich zwang mich dranzubleiben und zumindest einige Sätze zu formulieren. Eine Gruppe Frauen setzte sich, mit Cappuccino und Latte macchiato bewaffnet, an einen Nebentisch. Einige von ihnen kannte ich sogar. Ich beobachtete sie eine Weile und merkte, dass sie ganz offensichtlich eine Schulveranstaltung vorbereiteten, denn ich wusste, dass ihre Kinder alle im gleichen Alter waren, und außerdem schienen Aufgaben verteilt zu werden.

Für neun Uhr morgens machten diese Frauen einen sehr entspannten Eindruck, und sie schienen richtig Spaß zu haben. Neid stieg in mir auf, als ich mir vorstellte, wie wohl der Rest ihres Tages aussehen würde: Sie würden Besorgungen erledigen, in ihrem Zuhause, das *Schöner Wohnen* alle Ehre gemacht hätte, ein köstliches Mittagessen für die Familie zubereiten, zu ihren ehrenamtlichen Aufgaben in der Schule gehen und vor dem Maniküretermin noch schnell im Fitnessstudio vorbeischauen. Ich stellte die Art von Vergleich an, denen Frauen sich ab und zu so gerne hingeben, und stellte meinen Tag daneben:

Als berufstätige Mutter ist mein Haus meist etwas chaotisch, ich habe fast nie Zeit für Schulveranstaltungen, und in der Frage „Was gibt's denn zu essen?" schwingt bei uns eher ein gewisses Bangen mit als Vorfreude.

Dieser Vormittag im Café löste Gefühle in mir aus, mit denen ich mich zugegebenermaßen schon seit einigen Jahren immer wieder auseinandersetzen muss. Sie haben mit meinen Entscheidungen zu tun und mit denen anderer Frauen, die ich respektiere und bewundere. In den letzten zwanzig Jahren ist viel über den Begriff *Mütterkriege* geschrieben worden, der ein Verhalten meint, mit dem sich reine Familienfrauen und berufstätige Mütter gegenseitig das Leben schwer machen. Ich wünschte, ich könnte hier sagen, dass es das in der Gemeinde nicht gibt, dass Frauen mit Leitungsgaben hier harmonisch mit anderen Frauen zusammenarbeiten, aber leider ist das nicht so – weder bei Willow Creek noch in anderen Gemeinden. Pubertierende Mädchen können manchmal richtig gemein sein, aber erwachsene Frauen stehen ihnen in nichts nach: Dezent – oder auch ganz offen – unterminieren, verurteilen und kritisieren sie Entscheidungen von Frauen, mit denen sie am nächsten Sonntag gemeinsam Gottesdienst feiern. Frauen, die in der Gemeinde leitende Positionen einnehmen, müssen unbedingt darauf achten, dass sie sich in diese Mütterkriege nicht mit hineinziehen lassen oder gar zusätzliche Munition dafür liefern. Vielmehr müssen wir ganz bewusst unseren eigenen Kreis – unseren Stamm – aufbauen und pflegen und von dieser sicheren Position aus in junge Frauen investieren, die schon bereitstehen, um nachzurücken.

Keine Mütterkriege mehr

Im Hinblick auf Ehe, Geburtenkontrolle, Erziehung und Berufstätigkeit bieten sich Frauen heute so viele Möglichkeiten wie noch nie. Frauen stehen viele Türen offen, und je nach Lebensphase oder veränderten Realitäten werden Umstände angepasst oder Veränderungen vorgenommen. So hätten sich zum Beispiel die meisten alleinerziehenden Mütter ihr Leben sicherlich anders vorgestellt und doch bewältigen sie beherzt die Herausforderungen der Kindererziehung, allein oder zumindest mit einem Vater, der nicht bei der Familie wohnt. Wir alle kennen Frauen, die in der Familienphase ganz für die Kinder da sind und dann noch einmal neu durchstarten. Manche Frauen genießen das Singledasein, während andere immer noch auf die große Liebe hoffen. All diese Möglichkeiten, Leben zu gestalten, existieren, warum also fällt es uns so schwer, die Entscheidungen anderer zu akzeptieren und zu unterstützen, und zwar ohne offene oder hinter dem Rücken geäußerte Gemeinheiten?

Ich glaube, den Mütterkriegen liegt eine tief verwurzelte Unsicherheit zugrunde, die zu den Sünden des Neides und der Begehrlichkeit führt. Neid wird folgendermaßen definiert: „Unlustgefühl, das jemanden befällt, wenn er einem andern etwas nicht gönnt oder das Gleiche haben will und es nicht bekommt; Missgunst." Begehren ist im Grunde ein Synonym für Neid. Wir empfinden Neid, weil wir einen Unterschied wahrnehmen zwischen dem, wie wir sind, und dem, wie wir sein sollten bzw. wie andere uns haben wollen.

Unsere Kultur ist geradezu besessen von Vergleichen. In ihrem Buch *Der ganz normale Neid* schreibt Betsy Cohen, dass „wir jedermann anspornen, mehr Geld zu verdienen, besser auszusehen, mehr zu erreichen, mehr zu lernen, mehr zu haben. Unsere Gesellschaft schafft unvermeidliche Vergleiche und unvermeidliche Unzufriedenheit."[19] Gott nimmt das Problem des Neides so ernst, dass er es unter dem Stichwort „Begehren" mit in die Zehn Gebote aufnimmt (2. Mose 20,17). Und im Jakobusbrief finden wir die kühne Aussage: „Wo Neid und Streitsucht herrschen, da gerät alles in Unordnung, da wird jeder Gemeinheit Tür und Tor geöffnet" (Jakobus 3,16).

Woher kommt Neid und wie werden wir seiner Herr? Robert Bringle, Professor an der Universität Purdue, Indiana, betont, dass „unser Begehren in den Bereichen am stärksten ist, die unseren Selbstwert betreffen". Anders ausgedrückt: Am anfälligsten für Neid sind wir dort, wo wir uns verletzlich oder schwach fühlen. Leiterinnen, die sich über ihre Identität nicht völlig klar sind oder den eigenen Entscheidungen nicht ganz trauen, können so von Zweifeln gequält werden, dass sie andere niedermachen, nur um den eigenen Wert zu steigern. Ich möchte Sie etwas fragen: Wo und wann sind Sie besonders neidisch auf andere Frauen? Die Antwort auf diese Frage wird aufdecken, wo die eigene Unsicherheit am größten ist.

Die Antwort auf solche Fragen kommt mir oft zu schnell über die Lippen. Haus und Garten sind bei mir die Bereiche, in denen mein Selbstbewusstsein am leichtesten einen Knacks bekommt: Kochen, Gartenarbeit, jahreszeitliche Deko – alles nicht meine Spezialgebiete. Daher erwischt mich der Neid am ehesten bei Frauen, die ich immer als die *Martha Stewarts* bezeichne. (*Anmerkung der Übersetzerin: Martha Stewart ist DIE Vorzeige-Hausfrau in den USA, bekannt durch eine eigene Fernsehshow.*) In meiner Küche hängt ein Geschenk meiner Mutter, ein Schild mit der Aufschrift „Martha Stewart wohnt nicht hier!". Diese Frauen nähen alle Gardinen selbst, dekorieren wie ein Profi und kochen selbst komplizierteste Rezepte mühelos nach – Sie wissen sicherlich, was ich meine. Einige meiner Freundinnen gehören in diese Kategorie, und ausgerechnet mein Bruder hat eine Martha Stewart geheiratet! Tami ist nicht nur liebevolle Mutter von vier Kindern, gestaltet ihr Zuhause so, dass es jederzeit für eine Wohnzeitschrift abgelichtet werden könnte, näht Haute-Couture-Puppenkleider und kocht hervorragend – sie ist darüber hinaus auch noch richtig nett! Tami ist liebevoll, großzügig, lustig, attraktiv –, kurzum: Sie machte mich krank! Kurz nach der Hochzeit besuchten wir meinen Bruder und Tami, und beim Anblick des perfekten Heims bekam ich eine leichte Depression. Tami in Aktion zu sehen erinnerte mich an meine eigene Unzulänglichkeit und mein Versagen im Bereich Haus und Garten. Mit Humor – man könnte auch Sarkasmus dazu sagen – überspielte ich, was tatsächlich in meinem Herzen vorging: Ich war neidisch!

Eine intensive Auseinandersetzung mit unserer inneren Reaktion auf Frauen, die sich anders entschieden haben als wir, kann zeigen, ob wir mit Neid und Unsicherheit zu kämpfen haben. Hier einige Schlüsselfragen:

- Neigen Sie dazu, Erfolge, Talente oder Erscheinungsbild anderer Frauen schlechtzumachen?
- Ärgern Sie sich insgeheim über den gesellschaftlichen oder beruflichen Erfolg anderer Frauen? Wie reagieren Sie in solchen Situationen?
- Neigen Sie dazu, jemanden zu sabotieren oder schlecht über jemanden zu sprechen, dem Sie sich unterlegen fühlen?
- Freuen Sie sich, wenn eine Kollegin oder Bekannte einen Rückschlag erleidet?
- Beurteilen Sie die Entscheidungen anderer Leiterinnen kritisch, besonders dann, wenn diese auch Mütter sind?
- Verschwenden Sie viel Energie darauf, sich körperlich, intellektuell, geistlich und beruflich mit anderen Frauen zu vergleichen?

Neid ist eine ziemlich peinliche Sünde, weil sie von einem kleinkarierten Geist zeugt und so subtil daherkommt, dass wir sie häufig erst dann bemerken, wenn sie bereits in Verbitterung umgeschlagen ist. In Sprüche 27,4 lesen wir: „Heftiger Zorn und große Wut sind grausam – gegen die Eifersucht aber verblassen sie beide!" Neid in den Herzen von Leiterinnen gibt so viel Anlass zur Sorge, weil damit viel Zeit verschwendet wird, weil Neid uns die Freude an unserer Einzigartigkeit raubt und die Möglichkeit zerstört, in einer authentischen und Leben spendenden Gemeinschaft zu leben. Unser Begehren schafft Distanz: zwischen uns und Gott und zwischen uns und anderen. Wenn ich neidisch bin, kann ich nicht wirklich dankbar oder produktiv sein, weil ich zu sehr damit beschäftigt bin, mich betrogen und beraubt zu fühlen. Was können wir tun, um uns von dieser hinterhältigen Sünde und diesem zerstörerischen Verhaltensmuster zu befreien? Wollen wir Neid hinter uns lassen, müssen wir aus unserem Versteck herauskommen, Gedanken und Energie eine neue Richtung geben und einüben, von anderen Frauen das Beste zu denken.

Heraus aus dem Versteck

Um Neid zu besiegen, müssen wir ihn ehrlich als das bezeichnen, was er ist: Sünde. Dr. Joyce Brothers sagt, dass wir „uns unserer neidischen Gefühle so sehr schämen, dass wir sie nur selten ans Licht zerren, wo sie genauer betrachtet werden könnten".[20] Neid kommt in unterschiedlichen Spielarten daher. Nörgeln Sie häufig an anderen herum? Mangelt es Ihnen an Freude und Zufriedenheit? Können Sie sich nicht ehrlich mit anderen mitfreuen? Erforschen Sie Ihr Herz, und wenn Sie darin wirklich Neid entdecken, dann geben Sie dieses Gefühl ehrlich zu – vor sich selbst und vor allem vor Gott. Sprechen Sie es laut aus oder schreiben Sie es auf: „Ich bin neidisch." Durch schonungslose Offenheit können wir vom Bekennen zur Veränderung kommen. Oft hilft auch das Gespräch mit einer anderen Person, vielleicht sogar mit derjenigen, auf die wir neidisch sind.

Irgendwann habe ich beschlossen, mich meinem Neid auf Tami offen zu stellen und mit ihr darüber zu sprechen. Das war eine unglaubliche Befreiung und hat etwas ans Licht gebracht, was sich häufig zeigt, wenn Frauen über Neid sprechen: Es gibt Bereiche in meinem Leben, um die Tami mich ihrerseits beneidet und die nicht zu ihren Stärken gehören, z. B. die Gabe, öffentlich zu sprechen. Sie erzählte mir, dass sie schon als kleines Mädchen gerne gekocht und dekoriert hat und dass all das für sie so selbstverständlich ist, dass sie es gar nicht als besondere Fähigkeit betrachtet (so ist es mit jeder Fähigkeit). Als ich meinen Neid offen zugab, war es, als fiele eine große Last von meinen Schultern. Jetzt kann ich Tami besuchen, ohne mich deprimiert oder als hausfrauliche Versagerin zu fühlen, denn jetzt kann ich mich ehrlich darüber freuen, was sie ist und nicht nur auf das starren, was mir fehlt. Einen kleinen Rückschlag gab es, als wir bei meinem Bruder und Tami zum Weihnachtsessen eingeladen waren und ich die Tischdekoration sah, besonders aber die Platzkarten. Bei mir besteht so etwas (wenn überhaupt) meist aus einfachen Karteikarten mit dem entsprechenden Namen darauf – meine Ansprüche bewegen sich also eher im unteren Bereich. Tami hatte den Tisch als wahres Kunstwerk gestaltet, aber das eigentlich Imponierende waren die „Tischkarten": Sie hatte unsere Namen gebacken – aus Lebkuchenteig! Sie sahen also nicht nur toll aus, sie waren darüber hinaus auch noch *essbar!* Der Anblick hat mich fast umgehauen – aber ich habe mich schnell erholt. Ein ständiges Gefühl von Neid wirkt sich zerstörerisch auf unsere Seele aus und ruiniert jede Möglichkeit zu echter Gemeinschaft und Freude.

Haben meine Worte über Neid eine bestimmte Saite in Ihnen zum Klingen gebracht? Dann legen Sie doch das Buch einen Moment beiseite und begeben Sie sich auf die Suche nach Spuren von Neid in Herz und Verstand.

Erst wenn wir unsere dunklen Seiten ans Licht bringen, besteht Hoffnung auf Heilung und Freiheit. Bleiben Sie hartnäckig und fragen Sie sich: Auf wen bin ich neidisch? Welche Frauen lehne ich ab? Suchen Sie intensiv nach der Unsicherheit, die Ihrem Neid zugrunde liegt. Sie werden viel mehr Freude, Dankbarkeit und authentische Beziehungen erleben, wenn Sie diese so hinterhältige und subtile Sünde aus Ihrer Seele entfernen und Ihrem Schöpfer ehrlich bekennen.

Gedanken und Energie eine neue Richtung geben

Wir brauchen viel mentale Disziplin und einen starken Willen, wenn wir all die ungesunden und unproduktiven Vergleiche beenden wollen. Eleanor Roosevelt hat einmal gesagt: „Nur mit deiner Zustimmung kann jemand in dir ein Gefühl von Minderwertigkeit auslösen."[21] Versuchen Sie, Menschen nicht länger in Hierarchien zu sehen (das kann man üben) und denken Sie daran, dass anders eben auch nur anders ist, nicht besser oder schlechter. Leiterinnen, die wie ich mit Perfektionismus zu kämpfen haben, müssen die Wahrheit anerkennen, dass niemand alles können kann. Anstatt mich in der nicht enden wollenden Spirale von Vergleichen zu verlieren, muss ich meine eigenen Stärken anerkennen und – wo nötig und möglich – an meinen Schwächen arbeiten. Überwundener Neid kann zum Auslöser für große Veränderungen werden; ein sinnvollerer Einsatz unserer Energie ist es allemal.

Vielleicht beneiden Sie eine Frau, die ein sehr intensives Gebetsleben zu haben scheint. Verwenden Sie Ihre Energie lieber darauf, in Erfahrung zu bringen, wie sie das macht. Vielleicht kann sie Ihnen sogar wertvolle Tipps oder hilfreiches Material an die Hand geben. In vielen Bereichen sind Fortschritte möglich. Beneiden Sie aber eine Eigenschaft oder Fähigkeit, die für Sie unerreichbar ist – kein noch so professioneller Gesangsunterricht wird zum Beispiel aus mir eine gute Sängerin machen – dann akzeptieren Sie das. Ich muss nicht in allem gut sein, und ich kann lernen, mich über die musikalische Begabung anderer zu freuen.

Will ich Gedanken und Energie eine neue Richtung geben, muss ich mir meiner eigenen Einzigartigkeit bewusst sein und zu den von mir getroffenen Entscheidungen stehen können. Für jede Entscheidung, die Frauen hinsichtlich ihres Lebensstils treffen, gibt es Pro und Kontra, und keine würde ihr Leben als permanentes „Wandeln auf sonnigen Höhen" beschreiben. Wenn ich Freunde beneide, die keine Kinder, dafür aber weniger Hektik und sehr viel mehr Ruhe haben, führe ich mir vor Augen, warum Warren und ich uns bewusst für Kinder entschieden haben, und wie viel Freude das auch in unser Leben gebracht hat. Man kann eben nicht alles haben!

Ich möchte nicht länger Zeit und Energie auf das Vergleichsspiel verschwenden. Viel lieber möchte ich mich darauf konzentrieren, *mein* Leben so gut wie möglich zu gestalten, denn ich habe ja nur das eine; mich wird es nur ein einziges Mal auf dieser Erde geben, und ich möchte später von Gott hören, dass ich gut mit dem umgegangen bin, was er mir anvertraut hat. Wenn wir im Himmel vor ihm stehen, wird er uns nicht miteinander vergleichen – wir werden einfach nur Rechenschaft darüber ablegen müssen, ob und wie wir unsere (!) Gaben eingesetzt haben. Das befreit und ernüchtert gleichzeitig.

Das Beste denken

Der dritte wichtige Aspekt zur Überwindung von Neid ist die Kunst, über andere Frauen immer nur das Beste zu denken. Mir persönlich helfen dabei zwei Sätze:

> *Ich werde nie alles über diese Frau wissen.*
> *Jede Frau tut ihr Möglichstes.*

Dieses Gedankenmuster ist besonders für Leiterinnen hilfreich, die Mütter sind und Kolleginnen in derselben Lebenssituation kritisch beurteilen und bewerten; Neid und Verurteilung kommen hier besonders häufig vor. Jede Mutter hat ihre eigene Geschichte – hinsichtlich der Rolle, die der Vater ihrer Kinder zu Hause spielt (wenn er überhaupt präsent ist), hinsichtlich der Finanzen, der Gesundheit der Familie, der individuellen Bedürfnisse jedes Kindes und der Unterstützung durch Freunde und Verwandte. Jede Mutter ist mit ihren ganz eigenen Bedingungen konfrontiert und tut für die Familie ihr Möglichstes. Die berufstätige Mutter liebt ihre Kinder keinen Deut weniger als die Familienfrau, und die Entscheidung für eine Berufstätigkeit wird aus ganz unterschiedlichen Gründen getroffen. Es steht mir nicht zu, diese Entscheidung in irgendeiner Form zu bewerten, und bei negativen Gedanken sollte ich ihrer Ursache sehr genau nachgehen: Will ich meine eigenen Entscheidungen verteidigen? Sehe ich sie als Konkurrenz und muss sie deshalb abwerten? Neige ich zu vorschnellen Urteilen, die sich bei genauerer Kenntnis der Umstände als unhaltbar herausstellen? Was wäre, wenn ich das Beste über diese Frau denken würde? Über ihre Pläne und ihr Engagement für Christus, Familie und Gemeinde?

Wenn wir es schaffen, die subtilen aber nichtsdestotrotz todbringenden Waffen namens Neid und Verurteilung wegzulegen und uns nicht länger zur Richterin darüber aufzuschwingen, *wie jede Frau zu sein hat*, können wir – davon bin ich überzeugt – eine Gemeinschaft erleben, die uns und andere mit ihrer Tiefe und Lebendigkeit förmlich aufblühen lässt. Wir müssen einfach *diesen Wahnsinn beenden* und uns darüber freuen, dass es so viele Möglichkeiten gibt, so viele wunderbare und individuelle Geschichten, so viele Wege, wie Frauen heute ihr Leben gestalten können zum Besten ihrer Familie, ihrer Freunde, ihrer Gemeinde und der Welt. Reihen Sie sich ein in die große Schar all jener Frauen, die Gott für die bestehende weibliche Vielfalt danken und die andere Frauen lieber verteidigen und unterstützen, als sie niederzumachen. Wollen Sie Teil dieser Revolution werden?

Wenn wir aus unserem Versteck herauskommen und unserem Neid offen ins Gesicht sehen, wenn wir Gedanken und Energie eine neue Richtung geben und den Teufelskreis sinnloser Vergleiche durchbrechen und wenn wir beschließen, voneinander stets das Beste zu denken, dann stehen die Chancen gut, dass alle gewinnen. Als Frau auf einer leitenden Position in der Gemeinde hat man es schon schwer genug, da sollte man sich nicht als Einzelkämpferin versuchen oder Frauen misstrauen bzw. herablassend behandeln, bei denen wir doch Verständnis, Unterstützung, Zuflucht und Ermutigung finden könnten – von der gemeinsamen Bewältigung anstehender Herausforderungen ganz zu schweigen. Darum glaube ich auch, dass wir einen Stamm aufbauen müssen, der uns den notwendigen Halt gibt.

Jede Frau braucht einen „Stamm"

Es gibt nur wenig, was mich trauriger macht als ein Gespräch mit einer Leiterin, die ihre Gaben in die Gemeinde einbringt, und sich dabei völlig alleingelassen fühlt. Findet so ein Gespräch am Telefon statt, würde ich am liebsten sofort zu dieser Frau eilen, eine Tasse Tee mit ihr trinken und sie in den Arm nehmen. Niemand sollte die Herausforderungen des Gemeindedienstes ganz allein bewältigen müssen. Leiter haben zwar meist mit sehr vielen Menschen zu tun, aber Leiterinnen fehlt oft eine Seelenverwandte, bei der sie sich Luft machen und ihre Fragen loswerden können, und die die spezielle Situation der Gemeinde und die damit verbundenen Schwierigkeiten aus erster Hand kennt.

Viele Frauen stellen die Bedürfnisse anderer stets über die eigenen und gestatten sich selbst nicht, Zeit und Kraft zu investieren, um mit anderen Frauen einen „Stamm" zu gründen. Ist Ihnen der Begriff geläufig? In ihrem inspirierenden Buch *Brave Mädchen verändern nichts* spricht Lynne Hybels über die beste Entscheidung ihres Lebens: Das Beste, was ich jemals getan habe, war „aus der Isolation herauszukommen und mich anderen Frauen anzuschließen … Wenn wir das tun, wenn wir einander unterstützen, einander anfeuern, einander helfen, ganz wir selbst zu sein, werden wir zu einer Kraft, die in dieser Welt Dinge zum Guten verändern kann – für Gott."[22]

Ich bezweifle, dass ich ohne meine „Stammesschwestern"

durchgehalten hätte. Vor Kurzem habe ich auf ganz besondere Art einen runden Geburtstag gefeiert. (Die genaue Zahl verrate ich aber nicht!) Mein Mann spendierte mir und einigen Frauen, die in meinem Leben eine wichtige Rolle gespielt haben oder noch spielen, ein gemeinsames Wochenende. Wir haben u. a. am Pool gelegen, literweise Cola light getrunken und in Zeitschriften geschmökert, die örtliche Wirtschaft durch Shoppen unterstützt und gut gegessen – kurzum: ein absolut grandioses Wochenende miteinander verbracht. Davon hatte ich schon lange geträumt: gute Freundinnen zusammenzubringen und die miteinander bekannt zu machen, die sich bisher nicht kannten, weil sie zu weit auseinanderwohnen. Und dieser Traum war nun Wirklichkeit geworden! Die Frauen waren sich auf Anhieb sympathisch, und über die neu entstehenden Kontakte habe ich mich herzlich gefreut.

Am letzten Morgen schaute ich in die Augen dieser Frauen, die so viel Liebe ausstrahlten. Gott hatte sie mir in ganz unterschiedlichen Phasen meines Lebens als Stützen zur Seite gestellt. Da war Polly, meine alte Freundin aus Kindheitstagen, mit der ich Siege gefeiert und Verluste betrauert habe. Sie kennt mich besser als irgendjemand sonst, weil sie weiß, wo ich herkomme und mich von Anfang an begleitet hat. Ich sah Lynn und Karla, meine mütterlichen Freundinnen, ohne die ich mit den Herausforderungen des Alltags kaum fertig geworden wäre. Ich sah Suze und Caron, Leiterinnen in ihren Gemeinden, die mir zuhören und mich mit Objektivität, Weisheit, Lachen und Hoffnung beschenken. Sie sagen mir immer wieder, dass ich nicht verrückt bin, und sie lieben mich mehr, als ich verdiene. Ich dachte auch an die, die nicht hatten kommen können: Corinne, Sue und Nancy O. Und dann betete ich: *Gott, ich bin eine reiche Frau, die du mit unglaublichen Freundinnen gesegnet hast. Sie leisten zu meinem Leben einen unschätzbaren Beitrag. Ich danke dir von ganzem Herzen!*

Sind Sie neidisch auf mich und meine Freundinnen? Lenken Sie Ihre Energie und Ihre Gedanken in eine neue Richtung und überdenken Sie Ihre Situation. Wenn Ihnen ein Stamm von Freundinnen fehlt, halten Sie Ausschau nach passenden Kandidatinnen. Welchen Frauen innerhalb und außerhalb der Gemeinde vertrauen Sie genug, um mit ihnen eine engere Beziehung eingehen zu wollen? Freundinnen außerhalb der Gemeinde sind (besonders für „Hauptamtliche") wichtig, weil man mit ihnen manche Dinge leichter besprechen kann, als mit „Insidern". Laden Sie eine dieser Frauen zum Frühstück ein und probieren Sie aus, wie sich diese Verbindung anfühlt. Vielleicht müssen Sie sich mehrmals treffen, um herauszufinden, ob daraus eine Freundschaft werden kann, in die es sich lohnt, Zeit und Mühe zu investieren.

Eines aber sollten Sie wissen: Einen Stamm zu gründen braucht Zeit, Freundschaften müssen kultiviert und bewusst gestaltet werden. Von einem Stamm gibt es keine Version für die Mikrowelle, auch wenn wir uns das manchmal wünschen würden! Ich habe sehr früh gelernt, dass Freundinnen mich Zeit kosten würden, dass aber der Gewinn größer ist als der Einsatz. Versuchen Sie gar nicht erst, in Ihrem Leitungsdienst oder Ihrem Leben zur Einzelkämpferin zu werden – wenn die unvermeidlichen Stürme losbrechen, werden Sie dringend Unterstützung von Frauen brauchen, die Sie gut kennen, die Ihnen die Wahrheit in Liebe sagen und die verlässlich zu Hilfe eilen. Versuchen Sie gar nicht erst, in Ihrem Leitungsdienst oder Ihrem Leben zur Einzelkämpferin zu werden – wenn die unvermeidlichen Stürme losbrechen, werden Sie dringend Unterstützung von Frauen brauchen, die Sie gut kennen.

Für verheiratete Leiterinnen gilt: Muten Sie Ihrem Mann nicht zu, alleiniger Erfüller all Ihrer Bedürfnisse nach Beziehung sein zu müssen. Selbst der tollste Mann ist damit überfordert. Ich erlebe häufig Situationen, in denen mich nur eine meiner Stammesschwestern wirklich verstehen kann.

Angenommen, Sie würden Ihren nächsten runden Geburtstag mit Ihrem Stamm von vertrauten Frauen feiern, wen würden Sie einladen? Wer sollte unbedingt dabei sein? Investieren

Sie regelmäßig in die Gestaltung Ihrer Freundschaften, sodass Sie sich unterstützt und stark fühlen, sodass Sie voller Vertrauen sagen können: „Ich bin nicht allein", und tiefe und erfüllende Zuneigung geben und empfangen. Ich gönne jeder Leiterin von Herzen so einen Stamm, in dem sie aufblühen kann, um dann ihre Aufmerksamkeit auf die nachwachsende Generation von Frauen zu lenken, die auch auf Orientierung und Unterstützung warten.

Mentorinnen gefragt

Angesichts der geringen Anzahl von Frauen, die sowohl in Unternehmen wie in Gemeinden in leitenden Positionen arbeiten, sollte man doch denken, dass diejenigen, die solch eine Position bekleiden, die eifrigsten Befürworter potenzieller Kolleginnen sind. Leider ist das aber nicht der Fall. Frauen, die bereits ein gewisses Maß an Einfluss erreicht haben, erschweren anderen Frauen eher den Zugang zu ihren Kreisen, als ob sie befürchten, dass für mehr als eine erfolgreiche Leiterin der Platz nicht ausreicht. Diese mangelnde Unterstützung kann aber auch ganz andere, viel dunkleren Gründe haben wie zum Beispiel Machterhalt, stilles Genießen des eigenen Status als einzige Frau im Team oder auch die Angst, von den Gaben und Erfolgen der anderen an den Rand gedrängt zu werden. Diese hässliche Wahrheit ist in viel zu vielen Gemeinden Tatsache.

Einige Jahre lang war ich die einzige Pastorin in Willow Creek. Dann zogen John Ortberg und seine Frau Nancy nach Chicago, und nach einiger Zeit wurde Nancy gebeten, die Leitung von *Axis* zu übernehmen, dem Angebot von Willow Creek für über Zwanzigjährige. Dabei wurde ziemlich schnell klar, dass sie eine hervorragende Leiterin und Rednerin ist. Sie baute ein bemerkenswertes Team mit jungen Leitern auf, die sie immer wieder ermutigte, ihren Lieblingsplatz in der Gemeindearbeit zu entdecken. Die jungen Leute durften träumen und ausprobieren. Unter Nancys Leitung lief Axis immer besser, und da sie auch im Bereich von Predigt und Lehre eine ganz offensichtliche Gabe zeigte, bot man ihr eine Stelle in unserem Pastorenteam an. Damit die Kollegen uns unterscheiden konnten, wurden wir fortan *Nancy O.* und *Nancy B.* genannt, denn auch unsere mittleren Namen waren keine Hilfe, wir heißen beide *Lee!*

Einen winzigen Moment lang überlegte ich, wie das wohl sein würde mit einer zweiten Frau im Pastorenteam. Ich war versucht, mich mit Nancy O. zu vergleichen, und fragte mich, ob Platz genug für uns beide sein würde. Aber diese leisen Zweifel und Momente der Unsicherheit lösten sich schnell in Luft auf, weil wir uns von Anfang an respektierten. Im Laufe der Zeit wurden wir sogar Freundinnen und merkten, dass wir in vielen Dingen auf einer Linie sind. Ich kann ganz ehrlich und mit großer Freude sagen, dass wir gegenseitig unsere größten Fans sind. Vor beinahe jeder Predigt ermutigten wir einander, und nach einer Predigt wurde nicht mit Anerkennung gespart. Und das Beste war: Ich fühlte mich nicht länger so allein. Nancy O. ist eine ganz besondere Stammesschwester, denn sie weiß genau, wie es ist, in einem überwiegend aus Männern bestehenden Team zu arbeiten, den Spagat zwischen Beruf und Familie schaffen zu müssen und mit einem Mann zu leben, der ebenfalls hauptamtlich im Gemeindedienst steht. Als John und Nancy Willow Creek verließen, um eine Gemeinde in Kalifornien zu übernehmen, ist mir der Abschied unglaublich schwergefallen, und auch heute vermisse ich sie noch sehr. Vor Kurzem trafen wir uns bei einer Konferenz und gingen miteinander essen. Die Zeit verging wie im Flug, und wie immer, wenn Nancy mir zuhört, sah ich in ihren Augen Unterstützung, Ermutigung, Bescheidenheit und ehrliche Freude über meine Erfolge.

Es muss möglich sein, zu einer anderen Leiterin ganz ehrlich sagen können: „Ich freu mich für dich." Mir hilft es immer, wenn ich die Siege meiner Freundinnen auch ein wenig als meine Siege sehen kann. Beim Dienst für Gott und beim Bau seines Reiches herrscht kein Platzmangel – für niemanden. In 4. Mose 11 lesen wir, wie Josua, zu der Zeit bereits Moses Protegé, Mose aufgeregt vom prophetischen Reden anderer Leiter berichtet. Er soll es ihnen verbieten. Mose hätte seinen Machtbereich eifersüchtig hüten können, aber er beschließt, sich über die Gaben der anderen zu freuen und fragt Josua ganz gelassen: „Hast du Angst, dass mir jemand meinen Platz streitig macht? Ich wünschte, der Herr würde seinen Geist auf das ganze Volk legen und alle wären Propheten!" (4. Mose 11,29) Anstatt Macht oder Gaben als persönliches Monopol zu betrachten, sollten wir uns um die Gelassenheit bemühen, die Mose an den Tag legt. Er hatte das große Ganze im Blick und wollte, dass möglichst viele Gottes Werk voranbringen. Im Reich Gottes sind gemeinsame Erfolge wichtiger als Einzelsiege.

Wie kommen Leiterinnen nun zu dieser „Mosehaltung", in der die Unterstützung, gerade auch von Anfängerinnen im Leitungsdienst, wichtiger wird als die Wahrung der eigenen Macht? Die Antwort auf diese Frage hat – zumindest teilweise – mit bewusstem Mentoring zu tun. *Mentoring* ist ein großes Wort, das ganz unterschiedlich definiert und mit Inhalt gefüllt wird. Mir hat dieser Begriff zu Anfang Mühe gemacht. Was genau bedeutet es, Mentorin zu sein? Vor einigen Jahren legte mir der Heilige Geist sehr deutlich einige unserer jüngeren Leiterinnen aufs Herz, von denen nicht alle in meinem Dienstbereich arbeiteten. Ich verspürte den Wunsch, Zeit mit ihnen zu verbringen, sie zu sporadischen Treffen einzuladen.

Diese neue Art von Leitungsdienst war mir zunächst fremd, denn als Mentorin fühlte ich mich überhaupt nicht qualifiziert. Ich hatte eher den Eindruck, als ob ich selbst Mentoring viel dringender brauchte, und es war ja auch gar nicht klar, ob mein Angebot überhaupt auf Interesse stoßen würde. Aber der Heilige Geist ließ nicht locker. Also überlegte ich, wer infrage kommen könnte, denn ich hatte bereits einige Frauen im Blick, deren Dienst ich als sehr positiv wahrnahm. Ich telefonierte ein bisschen herum, und an einem Freitagnachmittag lud ich schließlich neun Frauen zu einem ersten Treffen ein. Mir war immer noch nicht ganz klar, was das überhaupt alles sollte und wo das hinführen würde, aber letztendlich nannten wir unser Treffen dann doch „Mentoring-Gruppe", und ich überlegte, wie diese Treffen – und auch gelegentliche Einzelgespräche – am sinnvollsten und effektivsten gestaltet werden könnten.

Ich muss heute noch lächeln, wenn ich an diese Gruppe denke. Neun junge Frauen um die zwanzig saßen zusammen, fast alle Single, alle mit leuchtenden Augen, einer überbordenden Energie und ansteckendem Elan. Heather, Jill, Shauna, Holly, Annie, Mindy, Jeanne, Deirdre und Ashley. Wir trafen uns in unterschiedlichen Räumen unserer Gemeinde und unterhielten uns darüber, wie wir die gemeinsame Zeit strukturieren und gestalten wollten. Manchmal sprachen wir über ein Buch zum Thema Leitungsdienst, das ich ihnen empfohlen hatte, aber meist sprach ich einen bestimmten Punkt oder eine spezielle Situation an oder antwortete auf die vielen Fragen, die diese jungen Frauen hatten. Dabei ging es sowohl um Privates wie auch um Berufliches, und das gab unseren Gesprächen teilweise etwas Chaotisches. Wahrscheinlich hätte ich die Gruppe noch besser begleiten können, aber auch für mich war das ja völliges Neuland. Ich merkte aber schnell, dass das eigentlich Wichtige unser Zusammensein war, das Interesse, das ich zeigte an ihrem Leben, ihren Ideen und ihren Herausforderungen. Aber sie unterstützten sich auch gegenseitig, und auch ich profitierte. Wir trafen uns über einen Zeitraum von drei Jahren. Es kam vor, dass eine der Frauen die Gruppe verließ, dann kam eine neue dazu, aber der harte Kern der Gruppe blieb gleich.

Einige von ihnen heirateten, bekamen Kinder. Aber alle sind nach wie vor im Gemeindedienst, und für mich ist es ein wahres Vergnügen, sie weiter zu begleiten, zu ermutigen und anzufeuern. Mein Wissen über Mentoring ist nach wie vor eher begrenzt, aber eines weiß ich: Unabhängig vom Alter hat jede von uns etwas, wovon andere Frauen profitieren können. Man kann auch ganz bewusst ein junges Mädchen begleiten, das in der Schule einen Schülergebetskreis leitet! Eine erfahrene Frau, die einer anderen Zeit, Aufmerksamkeit und Weisheit schenkt, schenkt damit ein Stück Leben. Die Formen können unterschiedlich sein, von unregelmäßigen Verabredungen im Café bis hin zu offiziellen Gruppentreffen.

Der manchmal vielleicht einschüchternde Begriff des Mentoring verliert seinen Schrecken, wenn wir uns klarmachen, dass niemand alle Bereiche abdecken kann, in denen Orientierungshilfe gewünscht und nötig ist. Die Autorin und Referentin Lynette Lewis spricht in ihrem Buch *Climbing the Ladder in Stilettos* davon, wie wichtig Mentoring-Momente sind. Entscheidend sind realistische Erwartungen, unabhängig davon, ob wir selbst eine Mentorin suchen oder anderen eine sein wollen. Lewis schreibt: „Anstatt regelmäßige, offizielle Einzelgespräche zu erwarten, sollten wir auf die Weisheit und Anregungen achten, die uns im offenen Austausch mit anderen sozusagen ‚vor die Füße fallen‘.“[23]

Die meisten Menschen kennen Momente, in denen Männer und Frauen genau das Passende gesagt haben oder deren lebendiges Beispiel genau die richtige Anregung zum Handeln war. Nur die wenigsten haben die perfekte Mentorin, die jede Dimension unseres Lebens umfassend abdecken kann. Vielmehr werden die kurzen Begegnungen mit anderen Leiterinnen zu Edelsteinen, die sich zu einem wahren Schatz anhäufen. Daraus ziehen wir das, was wir brauchen, und die Länge der Begegnung spielt dabei gar nicht die entscheidende Rolle.

Dieser unglaubliche Durst nach Mentoring, den ich an jungen Leitern beiderlei Geschlechts beobachte, raubt mir immer wieder den Atem. Wenn eine junge Leiterin mich anruft und um ein Treffen bittet, fühle ich mich zwar geehrt, die damit verbundene Verantwortung lässt mich aber gleich wieder auf dem Boden der Tatsachen landen. Ich vermute, dass in meinem Leben eine Phase folgen wird, in der es überwiegend darum geht, Empfangenes zurückzugeben, den Stab an junge Leiterinnen weiterzureichen, die so viel Potenzial und so viel Leidenschaft haben und einfach etwas von dem anzubieten, das ich im Laufe der Zeit erworben habe. Mentoring geschieht nicht zufällig. Wir müssen die Augen offen halten und ganz bewusst nach Möglichkeiten suchen, andere zu ermutigen, Gespräche ohne Zeitdruck einzuplanen, Leben, Hoffnung, Ermahnung und Trost zu geben. Es gibt nur wenig, was lohnender wäre.

Wie bewusst investieren Sie in das Leben anderer Leiterinnen, die noch nicht so viel Erfahrung haben wie Sie? Fallen Ihnen potenzielle Mentoring-Kandidatinnen ein? Beten Sie dafür, dass sich Möglichkeiten zum Dialog ergeben? Sollten Sie auch nur ansatzweise merken, dass es Ihnen um Machterhalt geht oder dass sich der Gedanke breitmacht, eine andere Frau könnte Ihnen womöglich Ihren Platz streitig machen, dann stellen Sie sich ehrlich diesen Gefühlen und rotten Sie sie aus – auch wenn es schwerfällt. Es gibt reichlich Platz, und das Reich Gottes wird nur dann vorankommen, wenn wir bereit sind, uns in Demut denen zuzuwenden, die nach uns kommen, ihnen die Hand zu reichen und die Leiterinnen von morgen zu uns heraufzuziehen.

Je älter ich werde, desto mehr tut es mir leid um all die Energie, die ich vergeudet habe, um mich mit anderen Frauen zu vergleichen, neidisch zu sein oder meine Entscheidungen infrage zu stellen. Wenn wir die Mütterkriege beenden und voneinander das Beste denken, eröffnet sich uns die Möglichkeit, das Leben auch gemeinsam mit anderen Frauen zu gestalten, die unsere Reise um ein Vielfaches schöner und spannender machen. Wenn ich in einem Café sitze und auf meinen Laptop starre, dann möchte ich mich über die Familienfrauen am Nebentisch freuen und die Tatsache genießen, dass jede ihr Leben individuell gestaltet – schön und einzigartig. Die Phasen im Leben von Frauen sind bunt und vielleicht sehr unterschiedlich: Manche heiraten, manche bleiben Single. Manche bekommen Kinder, manche nicht. Manche sind berufstätig, manche Hausfrau. Was aber unverändert bleibt, ist das Bedürfnis nach authentischer, lebendiger Gemeinschaft. Machen Sie diese Reise nicht allein. Wir brauchen einander, und die, die nach uns kommen, wollen und sollen beachtet werden. Gründen Sie Ihren eigenen Stamm von vertrauten Frauen und machen Sie ihn zu Ihrem Herzensanliegen. Ihre Reise wird um so vieles spannender und schöner werden.

Schluss

Frauen im Leitungsdienst der Gemeinde haben es nicht immer leicht. Ihr Weg ist eine Mischung aus Frustration, Verletzungen, Wut, Herausforderungen, ganz neuen Möglichkeiten, Freude und dem Gefühl tiefer Erfüllung. Jeder Tag ist anders, jeder Tag braucht etwas anderes, und über allem steht der Wunsch und auch die Notwendigkeit, Leben authentisch zu gestalten – zu Hause ebenso wie in der Gemeinde. Aber so hart der Weg auch manchmal sein mag, zum Schluss möchte ich meinen Schwestern und Kolleginnen zurufen: *Bleibt eurer Berufung treu!* So wie Paulus an Timotheus schreibt: „Doch du sollst wachsam und besonnen bleiben! Sei bereit, für Christus zu leiden. Predige unerschrocken die rettende Botschaft, und führ deinen Dienst treu und gewissenhaft aus" (2. Timotheus. 4,5).

Berufung ist ein großes Wort, das uns manchmal regelrecht zu erdrücken scheint, wenn wir herauszufinden versuchen, wozu genau Gott uns berufen hat, wo wir diese Berufung leben sollen und wie wir die uns anvertrauten Gaben vervollkommnen können. Vielleicht geht es Ihnen wie mir: Wenn sich vor mir Hindernisse auftürmen, bin ich immer schnell mit dem Gedanken bei der Hand, alles hinzuschmeißen und einen etwas leichteren Weg zu wählen, z. B. mich mit einem Koffer voller schöner Bücher in eine Hütte auf eine Karibikinsel zurückzuziehen. Ich habe das, was Gordon MacDonald das „Drückeberger-Gen" nennt, das mich beinahe täglich drängt, mich nicht länger abzumühen, sondern den leichteren Weg zu wählen.

Wenn dieser Gedanke zu konkret wird, denke ich immer an eine Frau, die ich nie vergessen werde. Mein Mann und ich haben sie vor vielen Jahren auf La Gonaves getroffen, einer kleinen Insel direkt vor der Küste Haitis. Während einer Dienstreise hatten wir die Slums von Port au Prince besucht, und ich dachte: „Schlimmer als hier kann es nirgends sein." Wellblechhütten ohne jegliche Sanitäreinrichtungen, Straßen voller

Müll, Kinder, die sich an unsere Beine klammerten und um ein Stück Brot bettelten, Schwangere, die bereits einige Kinder durch Hungertod verloren hatten, und in deren Augen die Frage stand: „Wie soll ich denn dieses Kind durchbringen?" Es war herzzerreißend. Nach einem kurzen Flug landeten wir in La Gonaves. Dort besuchten wir eine kleine Missionsstation, die auf völlig unfruchtbarem Boden stand. Wir sahen keine Bäume, hörten kein Vogelgezwitscher und es schien absolut unmöglich, sich hier durch Landwirtschaft zu ernähren. Meinem Mann fiel auf, dass die Kinder kein Spielzeug hatten, nichts, was sie von Hunger und Langeweile hätte ablenken können. Es war unglaublich heiß, und als Stromquelle diente für die gesamte Insel nur ein altersschwacher Generator, der täglich einige Stunden Strom produzierte, und das nicht einmal zuverlässig.

Die Leiterin der Missionsstation begrüßte uns mit einem warmen Lächeln. Seit über dreißig Jahren lebte sie als Missionarin auf dieser Insel. *Dreißig Jahre.* Ich kann immer noch nicht fassen, dass jemand so ein Opfer bringt. Die wenigen Stunden unseres Aufenthalts kamen uns vor wie eine ganze Woche, und ich sehnte mich nach meinem klimatisierten Hotelzimmer und einer Dusche. Aber diese Frau liebte die Menschen auf der Insel. Sie lagen ihr am Herzen. Sie hätte nicht bleiben müssen, jeder hätte es verstanden, wenn sie eines Tages gesagt hätte: *Genug ist genug.* Aber sie hat durchgehalten, und soweit ich weiß, ist sie immer noch dort, bleibt ihrer Berufung treu und bewegt etwas für Gott.

Ich freue mich schon darauf, diese Schwester im Himmel wiederzusehen – und all die anderen, die sich dafür entschieden haben, hier auf der Erde treu zu bleiben, Zeit und Energie zu investieren und die Gaben zu gebrauchen, die Gott ihnen gegeben hat, um sein Reich voranzubringen.

Probleme dürfen keine Entschuldigung dafür sein, dass wir anderes tun oder werden, als Gott für uns vorgesehen hat.

Wenn wir davon ausgehen, dass im Himmel bei der Gabenverteilung kein Fehler passiert ist, dann muss am Anfang jeden Tages der Gedanke stehen: Ja, auch heute will ich wieder mit dem, was mir anvertraut ist, das Bestmögliche erreichen.

Ich bete dafür, dass Sie sich nach der Lektüre dieses Buches von Gott bewegt und weniger allein fühlen. Ich hoffe, dass Sie sich von einer anderen Frau verstanden fühlen, die auch noch auf dem Weg ist, die auch versucht, ihrer Berufung treu zu bleiben, die auch Fehler macht, aber die auch Fortschritte erkennt und Hoffnung sieht. Ich wünsche Ihnen, dass Sie das ermutigende Wispern des Heiligen Geistes hören, wenn Sie sich Ihren Platz im Männerklub erkämpfen, einen gesunden Ausgleich finden zwischen den unglaublichen Herausforderungen des Gemeindedienstes und Ihrem Privatleben und in Ihrem Stamm von befreundeten Frauen Unterstützung und Erleichterung finden. Ich bin sogar so mutig zu glauben, dass Gott Sie wissen lassen möchte, dass er außerordentlich stolz auf Sie ist – auf Ihren Mut, Ihre Hartnäckigkeit und Ihre Anmut.

Sie sind eine wertvolle Tochter des allerhöchsten Gottes. Geben Sie also nicht auf. Schreiben Sie Ihre eigene Geschichte, und eines Tages können wir im Himmel bei einer Tasse Tee (oder auch Kaffee, wenn's unbedingt sein muss) unsere Aufzeichnungen miteinander vergleichen.

Bleiben Sie Ihrer Berufung treu. Oder – etwas lockerer ausgedrückt, aber trotzdem von Herzen: *Legen Sie los!*

NACHWORT

Für meine Töchter

(und alle jungen Frauen, die in der Gemeinde aufwachsen)

Liebe Samantha und Johanna,
dieses Buch habe ich auch für euch geschrieben, meine kostbaren Töchter. Eure Mutter zu sein ist eine der schönsten, aber auch beängstigenden Erfahrungen meines Lebens. Wir drei wissen, dass ich als Mutter unzählige Fehler gemacht habe, und ich hoffe, dass ich für die meisten bereits um Entschuldigung gebeten habe. Ihr habt früh gemerkt, dass ich nicht zu den Müttern gehöre, die bezaubernde Halloweenkostüme nähen, für einen ganz normalen Tag ein 3-Gänge-Menü zaubern, mit Fotoalben immer auf dem neusten Stand sind oder sich zur Elternvertreterin wählen lassen. Aber ihr habt hoffentlich auch bemerkt, dass ich versucht habe, meine Stärken als Frau und als Mutter zu nutzen. Ich habe es so gut gemacht, wie ich nur konnte. Aber vor allem liebe ich euch aufrichtig.

Zu sehen, wie ihr euch entwickelt, ist eine meiner größten Freuden, und ich bin begeistert von den Gaben, die ihr mitbekommen habt. Von klein auf habt ihr vor Kreativität nur so gesprüht, und ich liebte euren Standardsatz: „Lass uns doch mal so tun, als ob …!" Die kleinen Shows, Tanzvorführungen und Theaterstücke, die ihr zuerst in unserem Keller und später auch in Gemeinde und Schule einstudiert habt, gehören zu meinen wertvollsten Erinnerungen. Euer Vater und ich wissen aus allererster Hand, mit wie viel Leidenschaft ihr Geschichten erzählt, euch Rollen ausdenkt und durch die Kunst mit Körper und Stimme agiert.

Bereits als kleine Mädchen wart ihr ausgewiesene Leiterinnen. Samantha, deine Grundschullehrerin hat mir erzählt, dass ihr in den vielen Jahrzehnten ihrer Laufbahn noch kein Kind begegnet ist, das so effektiv leiten konnte, das die gesamte Klasse mit seiner Energie ansteckte, dabei aber immer freundlich blieb. Johanna, deine Leitungskompetenz zeigte sich im Gymnasium, als man dich zur Schulsprecherin wählte und du auch andere wichtige Aufgaben übernahmst. Es ist schön zu sehen, wie eure Freunde euch respektieren und folgen, wie freundlich und ausgeglichen ihr leitet und wie sich schon früh eine ausgeprägte Beziehungsintelligenz zeigte.

Natürlich seid ihr unterschiedlich. Jo, du hast einen unglaublichen Blick für visuelle Gestaltung, und du, Sam, bist eine begabte Autorin. Euer Vater und ich werden mit Begeisterung verfolgen, wohin euch diese Gaben im Leben noch bringen werden. Ihr seid beide mit einem scharfen Verstand gesegnet, habt Humor und könnt offen und freundlich auf andere zugehen. Zusammen mit eurem Glauben, der euch schon früh geprägt hat und noch prägt, könnt ihr mit all diesen Eigenschaften in dieser Welt etwas bewegen und die Sache Christi voranbringen. Ich weiß zwar noch nicht genau, wie das aussehen wird, aber ich hoffe, dass ich lange genug leben werde, um es mitzuerleben und euch in dem, was ihr tut, zu ermutigen und anzufeuern.

Euch steht die Welt offen. Betrachtet die vielen Möglichkeiten, erkennt Stärken und steht zu Schwächen, und achtet vor allem auf das Flüstern des Heiligen Geistes – und dann, so hoffe ich, werdet ihr euch nach reiflicher Überlegung entschließen, eure Spuren in einer Ortsgemeinde zu hinterlassen. Ob als hauptamtliche oder ehrenamtliche Mitarbeiterin, spielt keine Rolle. Aber ich würde mir wünschen, dass ihr euch in die Arbeit einer Ortsgemeinde einbringt, dass ihr dabei eure schnelle Auffassungsgabe benutzt, eure liebevolle Art und eure Kreativität. Die Gemeinde braucht dringend junge Frauen wie euch – um zu leiten, strategisch zu denken, zu lehren, zu gestalten, zu schreiben, zu tanzen und Theater zu spielen.

Das Bild, das ich euch vor Augen male, soll realistisch und nicht zu positiv sein; eure Gaben in einer Gemeinde einzubringen, wird nicht der einfachste Weg für euch sein. Ich hoffe natürlich, dass vorangegangene Generationen von Leiterinnen euch Türen geöffnet haben bzw. noch öffnen werden, die vormals verschlossen waren.

Sollte es so sein, dass wir, die vor euch Leitung und Lehre gewagt haben, zum Vorbild werden konnten, empfinden wir das als Ehre. Ich vermute allerdings, dass euch das in vielen Gemeinden immer noch als Herausforderung begegnen wird. Vielleicht findet ihr euch in einer Kultur wieder, die immer noch mehr einem Männerklub ähnelt. Aber lasst euch davon nicht abhalten, wenn Gott euch eindeutig einen Platz in der ersten Reihe zuweist. Wir brauchen junge Frauen wie euch – ihr könnt gar nicht ahnen, wie sehr.

Die Gemeinde ist die Hoffnung der Welt. Diesen Satz habt ihr mich oft sagen hören. Und ihr könnt sicher sein, dass ich ihn mit jeder Faser meines Seins glaube. Die Zukunft der Gemeinde liegt in den Händen junger Leiterinnen, wie ihr es seid. Ihr werdet dafür beten, dass Gott euch zeigt, was ihr mit diesem einen Leben, das euch zur Verfügung steht, anfangen sollt. Dabei sollt ihr wissen, dass das Reich Gottes nur vorankommen wird, wenn Menschen, die von Gott berufen sind, sich mit allem was sie sind und haben mutig und begeistert einbringen, wenn sie bereit und willens sind, der Sache Christi zu dienen und für sie durchzuhalten. Vielleicht setzt ihr euch wie euer Vater für benachteiligte Menschen ein, für die Verwahrlosten in den Innenstädten oder für die Hungernden in einem afrikanischen Dorf; vielleicht schreibt ihr Geschichten, die sonntags im Gottesdienst erzählt werden oder predigt oder leitet ein Team von jungen Leuten oder spornt Künstler an, für Gott ihr Bestes zu geben – wie auch immer eure Berufung aussieht: Bleibt ihr treu. Lasst euch durch nichts zurückhalten und freut euch darüber, dass Gott euch als Frau erschaffen hat.

Ich habe einen Traum – dass ihr eines Tages ebenfalls Töchter habt und dass ihr, wenn ihr ihnen irgendwann dieses Buch gebt mit den Worten: „Das hat eure Oma geschrieben", gleich dazu sagen könnt: „Das ist jetzt ein bisschen veraltet. Ob ihr es glaubt oder nicht, es ist noch gar nicht so lange her, dass Leiterinnen in Gemeinden einen schweren Stand hatten. Sie hatten das Gefühl, dass ihre Gaben nicht gerade willkommen waren. Deswegen hat Oma ein Buch geschrieben, um diesen Frauen zu sagen, dass sie nicht allein sind und dass Gott keinen Fehler gemacht hat, als er ihnen die Gaben von Leitung und Lehre gab."

Eure Töchter werden dann antworten: „Echt? Wie merkwürdig." Und dann gehen sie spielen, gehen erfolgreich ihren Weg und werden zu den Frauen, die Gott vor Augen hatte, als er sie schuf.

Mit einem Herzen voller Liebe und Dankbarkeit,
eure Mom

Anhang 1

Zusätzliches Material

Zum leichten Einstieg,
auch zur Vorbereitung für Gesprächskreise

RICHARDS, SUE UND LARRY. *Alle Frauen der Bibel; Ihre Geschichte. Ihre Fragen. Ihre Nöte. Ihre Stärke. Von Abigajil bis Zippora*, Gießen: Brunnen Verlag, 6. Auflage 2012.

Vollständiges und übersichtliches Lesebuch und Nachschlagewerk über alle namentlich und nicht namentlich genannten Frauen der Bibel – mit einer gut verständlichen Einführung zum Thema Frausein aus biblischer Sicht und nach den biblischen Büchern gegliederten Informationen über Frauenleben in unterschiedlichen Zeiten und Specials wie „Die Frau in der Schöpfung und der Sündenfall", „Jesus und die Frauen", „Die Frauen in den Evangelien", „Paulus über Frauen" u. v. a. m.

Als Extra mit der fundierten Erklärung aller Namen.

Im „Impuls für heute" zu jeder ausführlich vorgestellten Frau wird die Brücke zum Hier und Jetzt geschlagen.

WERNER, ELKE. *Frauen verändern diese Welt; Wie Frauen heute Gottes Auftrag umsetzen. Biografien – Beispiele – Biblische Grundlagen*, Gießen: Brunnen Verlag, 2., ergänzte und überarbeitete Auflage 2005.

Kurz und verständlich werden im Abschnitt „Biblische Grundlagen" die entscheidenden Stellen über Frauen und Leitungsverantwortung in der Bibel beleuchtet.

Portraits besonders engagierter Frauen der Bibel

WENDEL, ULRICH. *Führende Frauen in der Bibel; Priska, Junia & Co.*, Gießen, Brunnen Verlag, 2. ergänzte Auflage 2007.
Überraschende Einsichten in die Geschichte bemerkenswerter Frauen im Neuen Testament, spannend und differenziert erzählt und erklärt, besonders die Frage von Frauen und Leitungsverantwortung.
Eine gute Vorlage für Gesprächsgruppen und Hauskreise.

Mentoring von Frauen, auch von Frauen mit Lehr- und Leitungsgaben

SMITH, LYNN. *Mentoring für Frauen; Wie Frauen Frauen fördern, stärken, unterstützen,* Gießen, Brunnen 2007.
Ein gut strukturiertes Praxis-Handbuch mit Quellen und mit Anleitungen zum direkten Anwenden. Für alle, die für Frauen und Mädchen Verantwortung tragen und diese fördern wollen – in Beruf, Gemeinde, Ehrenamt. U. a. mit Kapitel über „Jesus, der Meistermentor" und mit Janet Hagbergs Theorie der Stadien über das Wachstum an Kompetenz.

Für theologische/biblische Studien

Die Liste enthält nur einen Bruchteil der Bücher, die zu dem Thema Männer und Frauen im Gemeindedienst geschrieben wurden. Eine umfangreichere Liste ist enthalten im Anhang von *Beyond Sex Roles* von Dr. Gilbert Bilezikian.
Zunächst sei die auch auf Deutsch erschienene Studie der Weltweiten Evangelischen Allianz genannt:

SMITH, MARILYN B. (LYNN) UND KERN, INGRID (HRSG.). *Ohne Unterschied?; Frauen und Männer im Dienst für Gott. Leitungsaufgaben in christlichen Gemeinden und Werken. Eine Herausforderung, die Grundlagen neu zu überdenken,* Gießen, Brunnen Verlag, 2. Auflage 2005.

Erarbeitet von der Kommission für Frauenfragen der Weltweiten Evangelischen Allianz (World Evangelical Fellowship, WEF).

Was lässt sich sagen über die biblischen Maßstäbe über Frauen in der Verkündigung und in leitender Verantwortung im Dienst für Gott?

Vergibt Gott Aufgaben nach Geschlecht oder nach Begabung?

Kann es sein, dass Gott Gaben gibt und zugleich ihren Gebrauch in der Gemeinde verbietet?

Diesen u. ä. Fragen hat sich die Weltweite Evangelische Allianz gestellt.

Das Ergebnis liegt in diesem Buch vor – gründlich und doch für alle interessierten Leser verständlich, beleuchtet es Schritt für Schritt den biblischen Befund und zeigt u. a., wie bestimmte Schlüsselstellen der Bibel verstanden werden können.

Mit vielen Erklärungen im Text, griffigem Glossar und grafisch unterstützten Zusammenfassungen der Glaubenssätze der unterschiedlichen Denkmodelle (hierarchisch orientiert – gabenorientiert) – eine sachliche und fundierte Vorlage für respektvolle Gemeindegespräche.

BELLEVILLE, LINA L.; BLOMBERG, CRAIG L.; KEENER CRAIG S.; SCHRIENER, THOMAS R. *Two Views on Women in Ministry,* Grand Rapids, Zondervan, 2001, 2005.

Dieses Buch wurde herausgegeben von James R. Beck und enthält Essays von vier Autoren: zwei vertreten einen egalitären, zwei einen komplementaristischen Standpunkt. In der überarbeiteten Ausgabe wird jeder Beitrag von den anderen Autoren kommentiert. Das macht dieses Buch zu einer wertvollen Hilfe für den Vergleich bzw. das Erkennen von Gegensätzen zu Schlüsselthemen in Forschung und Interpretation.

BILEZIKIAN, GILBERT. *Beyond Sex Roles; A Guide for the Study of Female Roles in the Bible,* Grand Rapids, Baker 1985.
Wie hat Gott sich die Rolle der Frau gedacht und wie hat er seinen Willen diesbezüglich deutlich gemacht – von der Schöpfung über den Sündenfall bis hin zur Offenbarung? Relevante Bibeltexte werden sorgfältig erklärt, und der Autor belegt, dass die Diskriminierung von Frauen in Gemeinde und Familie keinerlei biblische Grundlage hat. Ausgehend von James B. Hurleys *Man and Woman in Biblical Perspective,* einem Werk, zu dem er eine entgegengesetzte Position einnimmt, beleuchten ausführliche Anmerkungen die schwierigen theologischen Fragen noch intensiver.

BILEZIKIAN, GILBERT. *Gemeinschaft: Gottes Vision für die Gemeinde,* Asslar, Gerth Medien, 2005.
Eine Aufforderung, die biblische Vision von Gemeinschaft zu leben. Kapital 3 „Gemeindedienst" beschäftigt sich sehr gründlich mit der Rolle der Frau in der Gemeinde.

GRENZ, STANLEY J. UND KJESBO, DENISE MUIR. *Women in the Church: A Biblical Theology of Women in Ministry,* Downers Grove, Ill., InterVarsity, 1995.

HURLEY, JAMES B. *Man and Woman in Biblical Perspective,* Grand Rapids, Zondervan, 1981.
Dieses Werk vertritt die Argumente, die zur Unterstützung eines komplementaristischen Ansatzes für Beziehungen zwischen Mann und Frau in Gemeinde und Familie am häufigsten angeführt werden. In ausführlichen Anmerkungen am Schluss seines Buches *Beyond Sex Roles* kommentiert Gilbert Bilezikian Schlüsselstellen von Hurleys Buch.

KIMBALL, DAN. *They Like Jesus but Not the Church,* Grand Rapids, Zondervan, 2007.

Kapitel 7 beschreibt, welche Haltung die nachwachsende, kirchenferne Generation zum Thema Frauen in leitenden Positionen einnimmt.

MCKNIGHT, SCOT. *Blue Parakeet: Rethinking How Your Read the Bible,* Grand Rapids, Zondervan, 2008.

Ein kompletter Abschnitt dieses Buches zeigt, was die Bibel zum Thema Frauen im Gemeindedienst sagt und bietet Orientierungshilfe. Scot McKnight lehrt Religionswissenschaften an der Universität North Park in Chicago und beschreibt hier den Weg, den er gegangen ist: von einem fundamentalistisch geprägten Hintergrund zu einem glühenden Unterstützer von Frauen im Leitungsdienst der Gemeinde. Seine theologischen und biblischen Beobachtungen sind fundiert und ein enorm wertvoller Diskussionsbeitrag.

ORTBERG, JOHN. *Was Die Bibel über Mann und Frau sagt,* vierteilige Predigtreihe; erhältlich als MP3, CD oder Kopie bei der Willow Creek Association (www.willowcreek.com), 1999.

SUMNER, SARAH. *Men and Women in the Church: Building Consensus on Christian Leadership,* Downers Grove, Ill., InterVarsitiy, 2003.

Für Mütter

Die Autorinnen folgender Bücher sind zwar keine Christinnen, aber ihre Erfahrungen (und die anderer Frauen) mit Familie und Berufstätigkeit bieten trotzdem Hilfe.

KRASNOW, IRIS. *Surrendering to Motherhood,* New York, Hyperion, 1997.

Die Autorin gab eine vielversprechende Karriere auf, um sich um ihre vier Söhne zu kümmern. Mich hat beeindruckt, wie ehrlich sie über ihre Erlebnisse berichtet.

MARSHALL, MELINDA M. *Good Enough Mothers: changing Expectations for Ourselves,* Princeton, H.J., Peterson's, 1993.
Dieses Buch war mir eine große Hilfe im Umgang mit unrealistischen Erwartungen und meinem schlechten Gewissen bezüglich meiner Berufstätigkeit. Marshall half mir, meinen „Perfekten-Mutter-Dämon" zu besiegen.

WALSH, ELSA. *Divided Lives: The Public and Private Struggles of Three Accomplished Women,* New York, Simon & Schuster, 1995.
Über einen Zeitraum von mehr als zwei Jahren hat Walsh Frauen interviewt und die Entscheidungen untersucht, mit denen sie in ihrem Leben Balance herzustellen versuchten. Dabei geht es hauptsächlich um drei außergewöhnliche Frauen.

Für Frauen im Leitungsdienst

FIORINA, CARLY. *Mit harten Bandagen,* Frankfurt am Main, Campus, 2006.
Als erste Frau wurde Carly Fiorina zur Chefin von Hewlett Packard und stand dabei vor zahlreichen Herausforderungen, von denen einige auch mit ihrem Geschlecht zu tun hatten. Mit diesem Buch legt sie ihre ehrlichen und spannenden Memoiren vor.

FRANKEL, LOIS P. *See Jane Lead: 99 Ways for Women to Take Charge at Work,* New York, Warner Business Books. 2007.
Dr. Frankel ist Beraterin für die Förderung von Leiterinnen und Teamaufbau. Ihr Buch bietet eine Fülle praktischer Strate-

gien und Erkenntnisse für das Alltagsgeschäft einer Leitungsposition.

HYBELS, LYNNE. *Brave Mädchen verändern nichts,* Asslar,
Gerth Medien, 2006.
Lynne erzählt, wie sie es geschafft hat, sich von den Erwartungen anderer zu lösen und die Gaben und Leidenschaften
auszuleben, die Gott in sie hineingelegt hat. Ihre Geschichte
inspiriert Frauen, sich nach ihrem gesamten Potenzial auszu-
strecken.

LEWIS, LYNETTE. *Climbing the Ladder in Stilettos,* Nashville,
Thomas Nelson, 2006.
Lewis hat eine steile Karriere gemacht: von der Abteilung für
Öffentlichkeitsarbeit und Fundraising einer Universität zu der
Leiterin einer großen Agentur für Wirtschaftsprüfung und Un-
ternehmensberatung. Sie schreibt aus der Sicht einer Christin in
der Unternehmenswelt und bietet damit berufstätigen Frauen
konkrete Orientierungshilfe.

ANHANG 2

„Stimme"

von Jane Stephens

> *Berufung ... der Ort, an dem unsere tiefe Freude und der große Hunger der Welt aufeinandertreffen.*
>
> Frederick Buechner

Stimme. Man kann sie nicht im Supermarkt kaufen, aber für ein gut geführtes Unternehmen und einen inspirierenden Leitungsdienst ist sie unerlässlich. Wo Probleme mit kühler Effizienz gelöst werden und Routine höher bewertet wird als Kreativität, wird Stimme als überflüssig und sogar störend empfunden. Wo man aber offen ist für neue Ideen, Märkte, Produkte, Prozesse und Angebote, wird Stimme als produktiv wahrgenommen. Stimme ist die Variable, die das häufig herrschende Modell der wirtschaftlichen Mangelverwaltung durchbricht – wird sie benutzt, entsteht ein Multiplikatoreffekt, der andere mitzieht.

Was genau ist Stimme? Die Definition fällt schwer. Bei einem Werbespot von Nike oder einem Gedicht von Maya Angelou werden Sie sie wahrscheinlich hören; beim Studieren der Gebrauchsanleitung für Ihre Spülmaschine eher nicht.

---

*Anhang 2 aus: Jane Stephens und Stephen Zades, *Mad Dogs, Dreamers and Sages: Growth in the Age of Ideas,* New York: Elounda Press, 2003, 91-107.

Bob Dole *(Anmerkung der Übersetzerin: US-amerikanischer Anwalt und Politiker)* hatte sie in der amerikanischen Comedy-Show *Saturday Night Life*; bei seiner (gescheiterten) Präsidentschaftskandidatur hatte er sie nicht. In E-Mails tritt sie häufiger auf als in Jahresabschlussberichten. Sie ist nicht an eine bestimmte Form oder an Publikum gebunden. Sie beginnt mit der Fähigkeit, das eigene Selbst zu entdecken und dazu zu stehen, und wächst mit der Fähigkeit, dieses Selbst der Welt zum Geschenk zu machen. Hat man diesen Punkt erst erreicht, hat man für Stimme ein Sprungbrett geschaffen, von dem aus sie sich in immer größere Höhen aufschwingen kann.

Stimme hat zwei Aspekte. Es geht darum, mit den eigenen Instinkten in Berührung zu kommen, auf sie zu hören und ihnen zu vertrauen; Instinkt und Erfahrung müssen dann glasklar und unmissverständlich zum Ausdruck gebracht werden. Dies geschieht am Schnittpunkt zwischen Unsicherheit und Gewissheit und erfordert sowohl Verletzlichkeit als auch Präsenz. Stimme ist Ausgangspunkt für Individualität und Zusammenarbeit, unentbehrlich nicht nur für die Veränderung der Welt, sondern auch für die Veränderung meiner selbst.

Stimme ist ein artesischer Brunnen, die Quelle, aus der der Einzelne am besten schöpfen kann. Hier wird der Mensch echt, lenkt Ausdruck und Energie in die richtigen Bahnen und prägt sein Arbeitsumfeld auf die bestmögliche Weise. Stimme finden wir, wenn Tätigkeit und Berufung übereinstimmen und so zu dem Ort werden, „an dem unsere tiefe Freude und der große Hunger der Welt aufeinandertreffen".

LeiterInnen müssen ihre eigene Stimme finden, müssen sich das nötige Rüstzeug verschaffen, mit dem sie ganz sie selbst sein können, und müssen die Präsenz von Kollegen nicht nur klar wahrnehmen, sondern ganz annehmen und positiv nutzen. Stimme haben heißt, ganz präsent sein, sich akzeptiert und dazugehörig fühlen, etwas zu sagen zu haben und gehört zu werden. Wer in einem Umfeld arbeitet, in dem jeder die eigene, echte Stimme mit einbringt, wird schon bald die immensen positiven Auswirkungen verspüren: Energie, Balance, Verständnis und Spaß erhalten eine ganz neue Tiefe.

Stimme finden

Ein Nachmittag in Nairobi: Ich besuche eine Prinzessin der Massai. Ihr Vater war Stammeschef, und sie ist eines von hundert Kindern, die er mit zehn Frauen hat. Sie erzählte, wie es ist, mit neunundneunzig Geschwistern aufzuwachsen, und ich war hellauf begeistert von ihrer Anmut und Würde.

Als ihr Mann den Garten betrat, ging sie ihm entgegen, kniete kurz nieder und rupfte einige Grashalme aus, die sie ihm hinhielt. Später erklärte sie mir: „Eine Massai bietet immer erst Gras an, bevor sie redet. Man kann doch nicht reden, wenn man mit leeren Händen kommt."

Entscheidend für die Entdeckung unserer eigenen Stimme ist die Erkenntnis, dass wir nicht gerne mit leeren Händen kommen. Wir wollen zu Gesprächen am Arbeitsplatz unbedingt etwas Konstruktives beitragen – aber in der Eile kommt dabei häufig nur Oberflächliches heraus. Wir sprechen mit der schrillen Stimme falscher Zuversicht, bieten leeres Geplapper, den Seufzer der Gleichgültigkeit oder das hohle Echo von Klatsch und Tratsch. Was aber können wir vorher „rupfen", damit unser Beitrag Gewicht bekommt?

Wir sind sicher alle schon von Situationen überrascht worden, in denen wir uns klar und voller Selbstvertrauen zu einem Thema äußern konnten, das uns schon lange bewegt hat, über das wir aber eigentlich nie sprechen wollten. Noch mehr überrascht hat uns vielleicht eine Situation, in der wir fundiert und mit Überzeugung über etwas gesprochen haben, was uns bis dahin überhaupt nicht am Herzen zu liegen schien.

Eine bestimmte Sache provoziert uns oder macht uns neugierig; eine Tür öffnet sich, und plötzlich beginnen wir zu sprechen.

Das ist kein Smalltalk, nichts Berufliches und kein Klatsch, sondern wirklich Tiefgehendes, etwas, was wir entdeckt, beobachtet oder reflektiert haben. Die Kraft unserer eigenen Stimme überrascht uns. Es ist, als wäre ein Schalter umgelegt worden. Wir arbeiten und denken schneller, irgendwie ganzheitlicher. Was ist passiert? Meist wird es eines der folgenden Dinge sein: Entweder hat jemand echtes Interesse an unserem Beitrag signalisiert, oder etwas in uns hat beschlossen, dass wir nun endlich an der Reihe sind, gehört zu werden. Durch die „Handvoll Gras", die jeder mitbringt, erteilen wir einander die Erlaubnis, gehört zu werden.

In jedem Unternehmen gibt es fest verwurzelte Gesten, Annahmen und Vereinbarungen, die den Mitarbeitern das Gefühl vermitteln: „Das, was wir beizutragen haben, ist verschwindend gering bzw. optional oder nur bei Bedarf überhaupt nötig."

Wir brauchen aber Menschen, die inspiriert sind, und das nicht nur manchmal, sondern grundsätzlich, immer wieder. Wir müssen alle Kanäle offenhalten, damit Energie- und Informationsfluss nicht immer wieder unterbrochen werden. Was für Entfaltungsmöglichkeiten würden sich damit erschließen. Wir wären eine Familie von einhundert Prinzen und Prinzessinnen, die mitten in der Wüste eine reiche Ernte einfährt!

Wodurch wird Stimme echt?

Was macht ein „echtes" Gespräch aus? Entschiedenheit kann es nicht sein. Auch wenn wir uns unsere Worte ganz genau zurechtgelegt haben, kann unser Reden trotzdem unecht sein, kann das Aufwärmen eigener, alter Ideen oder das Wiederholen von fremdem Gedankengut sein. Fühlen wir uns bei der Arbeit oder in einer Beziehung ungehört, beginnen wir ausufernde Selbstgespräche über das Thema. Die Worte, die wir laut nicht aussprechen können – oder dürfen –, setzen sich in unserem

Innern fest. Beim Rasenmähen oder beim Autofahren wiederholen wir vielleicht in einer Art Selbstgespräch all das, *was wir hätten sagen sollen oder können.*

Wir stellen uns z. B. vor, wie diese unsere Worte beim Entlassungsgespräch mit der vorgesetzten Person ihre Wirkung entfalten, wie wir durch sie auf unserem Weg hinaus die letzte große Wahrheit verkünden – aber so verschaffen wir unserer Stimme kein Gehör.

Wir können unsere echte Stimme und unsere besten Gedanken nicht aufsparen, um sie irgendwann ganz zum Schluss als Gesamtpaket abzuliefern, nach dem Motto: *Die CDs liegen in der Schublade, die Schlüssel im Briefkasten, ach und übrigens: Ihre Art, das Büro zu leiten, hat mir von Anfang an nicht gefallen.*

Echte Stimme ist die Erfahrung zu reden und *nicht* zu gehen; zu sagen, was wir wissen und mit unserem ganzen Sein zu fühlen, dass es richtig ist und dass wir davon nicht abweichen werden; uns stark zu fühlen – auch angesichts der Reaktionen der anderen.[12]

Echte Stimme bedeutet keine Abkehr von Macht und Möglichkeiten, Verantwortung und Gemeinschaft zu suchen, sondern Hinwendung dazu. Echte Stimme wirkt als Zentripetalkraft, zieht also unsere unterschiedlichen Ideen zur Mitte hin, und nicht als Zentrifugalkraft, die sie nach außen drängt.

Wie ich sie höre, meine echte Stimme? Beginnen kann es mit einem Flüstern, einem Gedanken in mir: *Ich habe mir das so und so vorgestellt ...* oder *Ich bin mir nicht sicher, ob ich das richtig sehe ...* oder *Ich würde es gerne einmal so und so probieren ...* Ich will auf sie hören. Sie trägt weit und nimmt im Laufe der Zeit an Kraft und Intensität zu.

Unterschiedliche Stimmen

Wer Arbeitsplätze, Unternehmen und Familien will, die von Menschen vollen Einsatz verlangen, der muss ehrlich prüfen, wie viele Persönlichkeiten – und damit auch Stimmen – er tatsächlich offen ist zuzulassen. Die Psychologin Carol Gilligan hat während ihrer Lehrtätigkeit in Harvard Anfang der 1970er-Jahre aufgedeckt, wie akademische Forschungssysteme im Zulassen einer echten Bandbreite von Stimmen versagt haben. Als wissenschaftliche Hilfskraft für den Psychologen Erik Erikson, einem bahnbrechenden Denker auf dem Gebiet der Identitätstheorien, und seinem Kollegen Lawrence Kohlberg, einem Pionier in der Wissenschaft der moralischen Entwicklung, fiel Gilligan auf, dass die jungen Frauen, die an ihrem Forschungsprojekt teilnahmen, nicht in die von Erikson und Kohlberg entwickelten Kategorien passten.

Gilligan wollte insbesondere die Herangehensweise der an ihrer Studie teilnehmenden Frauen an ein moralisches Dilemma erforschen, die sich von der der männlichen Teilnehmer an Kohlbergs Studien erheblich unterschied. Die Inhalte weiblicher Reaktionen waren anders, und auf besonderes Interesse bei Gilligan stieß etwas, was mit herkömmlichen wissenschaftlichen Methoden schwer zu beurteilen war: die Art, wie die Frauen ihre Stimme einsetzten bzw. nicht einsetzten.

Geschrieben auf der Scheitelwelle des feministischen Tsunamis – der Frauen massenhaft in Beruf, Politik und Wissenschaft spülte – war Gilligans Arbeit revolutionär. In ihrem 1984 auf Deutsch erschienenen Buch *Die andere Stimme: Lebenskonflikte und Moral der Frau* forderte sie eine völlige Neuausrichtung der Studien zum menschlichen Verhalten. Fast eine Million Exemplare wurden verkauft, und es wurde in viele Sprachen übersetzt; Tausende von Dissertationen haben das Thema aufgegriffen; Kommentare wurden verfasst und Kommentare zu den Kommentaren. Das Buch ist allgegenwärtig – jedenfalls fast.

Obwohl Gilligan mit ihrem Buch tektonische Verschiebungen auslöste, und fast jede Disziplin ihre Thesen über die Art und Weise, wie Frauen Wissen ausdrücken, überdenken musste, ist doch der wichtigste Aspekt ihrer bahnbrechenden Arbeit im Hintergrund geblieben. Mehr als alle geschlechtsspezifischen Fragen zeigen ihre Studien, dass der Mensch den größten Teil seiner Fähigkeit, in der eigenen, echten Stimme zu sprechen und zu hören, ungenutzt lässt.

Indem wir die Macht der Stimme als Mittel und Quelle für Wissen und eigene sowie fremde Veränderung ignorieren, ignorieren wir nicht nur Frauen – wir reduzieren die Realität. Wenn es so ist, wie Gilligan sagt, dass nämlich Stimme Grundlage für menschliches Wachstum und gesellschaftliche Veränderung ist, dass sie aber nicht käuflich erworben oder akademisch vermittelt werden kann, müssen sowohl Unternehmen wie Universitäten sich intensiver darum bemühen, diese Stimme zu verstehen.

Joe McCarthy und die Entdeckung echter Stimme als Werbeträger

Der Wert eines auf einer bestimmten Vision gründenden Unternehmens wird sich festmachen an der Unverwechselbarkeit, dem Stil und der Kraft einer echten Stimme und der Fähigkeit, ihr in jedem Winkel des Unternehmens Gehör zu verschaffen und sie zu kultivieren. An den innovativen Visionen großer Unternehmer wie Steve Jobs von Apple, Yvonne Chanard von Patagonia, Jeff Bezos von Amazon und Ralph Lauren von Polo hat Stimme einen entscheidenden Anteil. Jede der genannten Personen hat eine *unverkennbare* Stimme, wie jede Persönlichkeit, die wir als dynamisch wahrnehmen, ob Musikerin, Unternehmensboss, Ärztin, Lehrer, Managerin, Elternteil oder Freundin. Eine echte Stimme dringt wie keine andere Kraft durch den Nebel einer versachlichten Sprache.

Werbung erleben wir häufig als nerviges Wirrwarr: *Kauf*

mich, flieg mich, probier mich aus, oder ich werde dich überall belästigen – glaub ja nicht, du könntest mir entkommen, ich weiß, wo du wohnst! Im Idealfall geht es bei Werbung jedoch darum, eine Stimme auszudrücken.

Immer wieder einmal bricht eine echte Stimme durch; sie ist einfach anders. Ein Produkt oder ein Unternehmen spricht uns auf eine ergreifende, emotionale Art an. Nike scheint das häufiger zu gelingen als anderen. Um den Zusammenhang zu verstehen zwischen dem häufig so schwierigen Entdecken der eigenen Stimme und dem Entdecken der Stimme eines ganzen Unternehmens haben wir Joe McCarthy interviewt, der Mitte der Neunzigerjahre Chef der Werbeabteilung von Nike war. Hier wurde neu definiert, wie die „Stimme einer Marke" Menschen in nie gekannter Tiefe erreichen kann, und damit wurde Nike zum Vorreiter für die gesamte Unternehmenswelt.

Vielleicht haben Sie einige der Nike-Werbespots noch vor Augen: eine Schwarz-Weiß-Montage im Stil einer Dokumentation, in der Mädchen sagen:

Wenn du mich Sport machen lässt, werde ich mich mehr mögen. Wenn du mich Sport machen lässt, werde ich mehr Selbstvertrauen haben. Wenn du mich spielen lässt, sinkt mein Brustkrebsrisiko um sechzig Prozent, und ich werde weniger an Depressionen leiden. Wenn du mich Sport machen lässt, werde ich eher einen Mann verlassen, der mich schlägt. Wenn du mich spielen lässt, werde ich wahrscheinlich erst dann schwanger werden, wenn ich es wirklich will. Ich werde lernen, was es heißt, stark zu sein, wenn du mich Sport machen lässt.

Oder der Spot mit dem Marathonläufer Ric Muñoz, in dem er durch einen Park in Los Angeles läuft:

Hundertdreißig Kilometer pro Woche. Zehn Marathons pro Jahr. HIV-positiv.

Zu einer Zeit, in der man den Zusammenhang zwischen Gewalt gegen Frauen und gesellschaftlichen Gegebenheiten erst zu entdecken begann und in der schwule Sportler und HIV ein Tabu waren, erzählte Nike die Wahrheit über Investment und Mut – auf fesselnde und ganz unsentimentale Art. Richtig gemacht, kann so eine Werbung über mehrere Jahre hinweg wirken.

Die Seele der Marke

McCarthy gab uns wertvolle Tipps für Entdeckung und Entwicklung einer Marke mit Stimme:

Finde die Seele. Eine Marke, die über rein äußerliche Merkmale und den Zielmarkt hinausreichen will, braucht eine Seele. Mit einer Seele erreicht sie mehr als das Herz und emotionale Momente. Man *weiß* einfach, ob Menschen oder Dinge Seele haben.

Bleib deinen Grundwerten treu. Der Geist von Nike ist Leistung und Authentizität. Der Geist von Johnson & Johnson ist Vertrauen. Solange Marketingexperten nicht verstehen, dass Grundlage aller Entscheidungen über die zu bewerbende Marke die Grundwerte dieser Marke sind, so lange werden sie nicht entscheiden können, was sie überhaupt vermitteln wollen.

Setze Emotionen ein. Verstehe die Werte und Emotionen, die Menschen sich zunutze machen wollen. Nike punktet damit, dass die mit Sport insgesamt einhergehenden Emotionen verstanden werden und man sie mit der emotionalen Dynamik einzelner Sportarten kombiniert.

Sei authentisch. Verbraucher erkennen im Allgemeinen sehr schnell, wo etwas vorgetäuscht bzw. frei erfunden ist, und achten sehr genau auf Fälschungen. Marken, die als unaufrichtig wahrgenommen werden, haben beim Verbraucher keine Chance.

Nicht nur in der Musik entscheidend –
der Resonanzboden

Echte Stimme ist nicht besonders laut. Die herrische Stimme
mit scharfem Tonfall klingt genau so falsch wie die weinerliche
oder sich ständig entschuldigende. Im Gegensatz zur echten
Stimme entspringen all diese Stimmen einer gewissen Ober-
flächlichkeit. Der Unterschied zwischen echten und falschen
Stimmen geht weit über Motive oder Ursprung hinaus; echte
Stimme erreicht unser Ohr über Klangfarbe, Resonanz, Unverwechselbarkeit und Authentizität.

Wenn man ein Unternehmen betritt, erkennt man sofort,
wie die Karten verteilt sind. Da sind die starken Leute, die vor
Ideen und Energie nur so sprühen. Sie sind mit Leidenschaft
bei der Sache, wissen genau, wo sie hinwollen, und davon lebt
das gesamte Unternehmen. Macht so ein Energiebündel eine
Runde durch die Büros, spürt man, wie andere Mitarbeiter im
Vergleich lustlos und unbeteiligt ihre Arbeit tun – man hat den
Eindruck, die Arbeit sei *für sie* da (oder das Unternehmen),
nicht sie *für die Arbeit* und fürs Unternehmen. Was für eine
unproduktive Nutzung von Arbeitspotenzial!

Wie schaffen wir es, in unseren Teams diese großen Unterschiede in Einstellung und Effizienz abzubauen und die Einsatz-
bereitschaft jedes Mitarbeiters auf ein Niveau zu bringen, das
ihm/ihr entspricht und damit echt ist? Wie bringen wir jedes
Teammitglied dazu, sich so einzusetzen, als könne er/sie tatsächlich etwas bewegen?

Manchmal brauchen Mitarbeiter dafür klare Wegweisung,
Schulung, mehr Anreize, bessere Ausstattung oder auch mehr
Unterstützung. Was Menschen allerdings wirklich dazu bringt,
sich nicht um sich selbst zu drehen, sondern sich für das große
Ganze einzusetzen, sind Dinge wie Ausgeglichenheit, Energie,
Durchhaltevermögen, Höflichkeit, Vertrauen und das Gefühl,
dass sie etwas Konstruktives beizutragen haben – und dass sie,
wenn sie es beitragen, auch wirklich gehört werden.

Resonanz

Die Klangqualität eines Cellos entscheidet sich am Schnitt-punkt vom Können des Spielers und der Resonanz im Inneren des Instruments. Ein Unternehmen kann als Resonanzboden für seine Mitarbeiter dienen, der – abhängig von den entgegen-gebrachten Reaktionen (der Resonanz) – ihre Kraft und Schön-heit entweder verstärkt oder vermindert.

Diese „innere Welt des Cellos bzw. der Resonanzboden" ist die entscheidende Entdeckung von Gilligans Forschungsarbeit über Stimme. Die Menschen um uns herum schaffen eine At-mosphäre, die unsere Fähigkeit, Ideen Stimme zu verleihen, entweder steigert oder verzerrt. Soll der Resonanzboden gut erhalten bleiben, ist jeder gefordert. Es braucht lange Zeit, um ihn aufzubauen, aber es reicht ein kurzer Moment, um ihn zu zerstören.

Wenn wir mit unserer echten Stimme sprechen, bauen wir in unserem Umfeld so einen Resonanzboden auf. Es mag ris-kant erscheinen, weil natürlich auch leicht einmal der falsche Ton getroffen wird: Da ist ein Angestellter sehr dreist, ein Chef aufbrausend oder zu jovial, ein Manager zu weinerlich. Wir empfinden den Misston und das dämpft uns; so wollen wir selbst nicht klingen. *Aber*, Sie klingen nicht wie die anderen! Wir müssen darauf vertrauen, dass unsere Kollegen unsere echte Stimme durchaus erkennen können. In unseren Organi-sationen oder Unternehmen bedeutet der Aufbau eines guten Resonanzbodens, dass sowohl Rednern wie Hörern Vertrauen entgegengebracht wird.

Außerdem bedeutet es, dass man die „Frage hinter der Fra-ge" erkennt. Gilligan hat beobachtet, dass Menschen sich in ihren Antworten an dem Niveau orientieren, auf dem die Frage gestellt wurde. Wird eine Frage zum zweiten Mal gestellt, kann die Antwort ganz anders ausfallen, auch wenn der einzige Un-terschied zur ersten Frage lediglich in der Tatsache der Wieder-holung liegt.

Ein Beispiel: Ein Mitarbeiter kommt auf Sie zu und sagt Ihnen, dass er nicht länger mit einem der Manager arbeiten kann. Sein Arbeitsplatz sei so unordentlich, dass er es nicht mehr schaffe, locker daran vorbeizugehen. Sie hören zu und fragen: „Es ist also die Unordnung, die Sie stört. Stört Sie außerdem noch etwas anderes?" Der Mitarbeiter antwortet: „Die Unordnung ist, naja, eine Sache. Viel schlimmer finde ich, dass er ständig telefoniert. Wenn ich an seinem Schreibtisch vorbeigehe, schaut er noch nicht einmal auf oder grüßt mich."

Über das Problem der Unordnung im Büro ist der Kollege zur Unaufmerksamkeit des Managers gekommen. Das ist eine völlig andere Dimension. Die Probleme hängen zwar miteinander zusammen, das zweite hat aber mit dem ersten nicht direkt zu tun. Die Tatsache, dass Sie aufmerksam zugehört und noch einmal nachgefragt haben, schafft einen neuen Raum, einen Resonanzboden. Die eigentliche Botschaft des Mitarbeiters ist, dass der Manager ihm das Gefühl vermittelt, die Arbeit auf seinem Schreibtisch sei wichtiger als der Mensch, der an diesem Schreibtisch vorübergeht. Bevor der Mitarbeiter das aussprach, hat er vielleicht wirklich gedacht, die Unordnung sei das Problem. Durch Ihre Bitte, mehr dazu zu sagen, haben Sie ihn gleichzeitig gebeten, intensiver nachzudenken – auf eine Art, die tiefere Schichten in ihm „zum Klingen bringt" –, und nichts anderes ist ja Resonanz.

Unser Leben und Reden spielt sich auf so vielen Bedeutungsebenen ab, dass manchmal schon eine gezielte Nachfrage ausreicht, um unser Gegenüber einen Schritt voranzubringen. Dabei muss man wissen, dass die zweite Antwort die erste nicht Lügen straft, sondern vielmehr die Vielschichtigkeit unserer Beziehungen widerspiegelt.

Schon eine der folgenden Fragen kann – mit echter Stimme gesprochen – eine Beziehung entstehen lassen: *Können Sie mir bitte helfen, das zu verstehen? Was habe ich hier übersehen? Was würden Sie tun, wenn Sie diese Entscheidung fällen müssten?*

Zuhören heißt Erfassen; gehört werden heißt verändert werden. Jeder Mensch möchte, dass ihm aufmerksam zugehört wird; wir fürchten, gehört zu werden, und sehnen uns doch danach. Die Gewissheit, gehört zu werden, macht uns klüger, wahrhaftiger und lebendiger.

Auf den Kontrapunkt achten

Musik hat mit Wahrnehmung zu tun: Wir lauschen einer Melodie, aber zum richtigen Hören wird dieses Lauschen erst durch die bewusste Entscheidung, auf den Kontrapunkt zu achten. Das gilt auch für das zwischenmenschliche Miteinander; wir hören dann nicht nur die Worte anderer Gruppen und Kulturen, sondern das unbeschreibliche Echo ihrer Geschichte und die darin zum Ausdruck kommende Sehnsucht. Wir heißen sie in unserem inneren Allerheiligsten willkommen, dem Ort, wo wir wahrhaftig zuhören, wo wir unsere Realität selbst wählen.

Wenn Stimme die aktive Entscheidung dafür ist, in der Welt Spuren zu hinterlassen, ist Zuhören die Entscheidung, sich durch die Stimmen anderer beeinflussen zu lassen. Manchmal ist dieser Einfluss ernüchternd und kann dazu führen, dass unser Hören eher abstumpft als geschärft wird. Denselben Effekt hat ein Aufenthalt im Ausland, wenn wir uns an den Klang der fremden Sprache gewöhnen. Nach dem ersten Schock – *in Portugal spricht man ja wirklich Portugiesisch* – erwarten wir gar nicht mehr, dass wir irgendetwas verstehen.

Wenn wir andere Kulturen so hören, wie wir Verkehrslärm oder Gewitter hören, errichten wir eine unsichtbare Trennwand. Dasselbe tun wir auch in Situationen, in denen uns der Kontext fehlt oder die uns unveränderbar erscheinen. Wir entwickeln eine Art kulturellen Autismus: Wir hören Worte und Klänge, aber wir können uns einfach nicht vorstellen, dass sie irgendetwas mit uns zu tun haben – oder wir mit ihnen – und so blenden wir sie aus. Die Alternative besteht darin zu lernen, *wie* wir sie hören können.

Kulturübergreifend hören

In den USA sagen wir, dass wir eine andere Sprache *sprechen*; in Kenia heißt es, eine andere Sprache *hören*. Der gebildete Kenianer spricht mindestens drei Sprachen: Englisch, Suaheli und die eigene Stammessprache. Im Allgemeinen wird er aber auch noch viele andere Stammessprachen „hören" können, je nachdem, wo er aufgewachsen und zur Schule gegangen ist oder wo er gearbeitet hat. Die amerikanische Schriftstellerin und Menschenrechtlerin Maya Angelou, die in Ghana und Europa gelebt hat, schreibt, dass das bloße Hören einer anderen Sprache uns hilft, eine andere Art des Seins wahrzunehmen.

Der Amerikaner, der in diesem riesigen Land Tausende von Meilen von Ost nach West zurücklegen und dabei immer dieselbe Sprache benutzen kann, muss dringend auch die Sprachen hören, die in Europa, Afrika und Asien ständig miteinander kollidieren.

Angelou spricht sieben Sprachen fließend und hat ein Ohr für diverse andere. Auf ihren vielen Reisen durch die ganze Welt nimmt sie Ausdruck und Musik fremder Sprachen intensiv wahr und bewegt sie in ihrem Inneren. Für ihr aktuelles Projekt schreibt sie Kindergeschichten für fünfzig verschiedene Kulturen – jede in ihrer eigenen Sprache.

Auf die Frage, wie sie das bewerkstellige, antwortet sie: „Ich versuche es. Ich lerne sie, weil ich es unbedingt will. Ich schaue spanische Fernsehsender und lese französische Bücher. Jeder kann sehr viel mehr lernen, als er oder sie denkt. Ich lerne Sprachen, weil ich Menschen kennenlernen will."

Wenn wir besser zuhören

Wer eine andere Sprache, eine andere Kultur oder einen anderen Menschen hören will, muss sich bewusst darauf einlassen, muss neugierig sein und darf auch vor Risiken nicht zurückschrecken. In den letzten Jahren *höre* ich andere Kulturen sehr viel aktiver als vorher. Dabei merke ich natürlich, was ich bisher alles nicht gehört habe, weil mir nie der Gedanke kam, es könne dabei um mich gehen.

1999 nahm mein Mann eine auf sechs Monate befristete Stelle als Arzt in einem Krankenhaus in Kenia an, unsere vier Kinder – alle im Teenageralter – und ich begleiteten ihn. Kurz nach unserer Ankunft nahmen wir zwei Waisenkinder auf: Bui, deren Mutter bei der Geburt gestorben war, und Joe, den man im Alter von drei Tagen auf einem Markt in Nairobi gefunden hatte – völlig normal für einen Kontinent mit zwanzig Millionen Aids-Waisen.

Durch großes Entgegenkommen der Behörden und mit viel Glück konnten wir Bui und Joe adoptieren, und so kamen sie als unsere Kinder mit zurück in die USA. Sicherlich können Sie sich vorstellen, welche Auswirkungen das auf unser Familienleben hatte: Unser Esszimmer wurde zu Buis Kinderzimmer, und in der Küche war mit zwei Hochstühlen und den vielen Fläschchen kaum noch ein Durchkommen. Noch heute stoßen wir beim Aufräumen auf alte Schnuller.

Einige Monate lang ging es fast nur um Schlafen und Essen, aber irgendwann wurden wieder andere Themen aktuell. Uns war klar, dass wir Joe und Bui in unser Land gebracht hatten, ein für sie ganz neues Land. Aber wir merkten schnell, dass sie uns ihrerseits ebenfalls in ein neues Land bringen würden.

Vor Kurzem erlebten wir Dr. Angelou bei einer Trauung. Sie sagte: „Wenn wir heiraten, tun wir das nicht als Individuen – wir heiraten Geschichten."

Irgendwann in diesem ersten chaotischen Jahr mit Joe und Bui traf uns wie ein Blitz die Erkenntnis: Mit der Adoption afrikanischer Kinder in eine weiße amerikanische Familie hatten wir Geschichten geheiratet. Unsere Kinder, Enkel und Urenkel würden als Afroamerikaner in einer Welt aufwachsen, in der Weiße nach wie vor privilegiert sind. Wenn wir erwarteten, dass sie ohne größere Probleme in dieser Welt aufwuchsen, würden wir als Familie lernen müssen, ohne größere Probleme in einer schwarzen Welt leben zu können; nur dann würden wir nicht nur einen Teil verstehen.

Wir schauten uns aufmerksam um und merkten, wie wenig wir wussten. Bücher, Klassenzimmer, Nachbarschaft und Gemeinde – alles war überwiegend weiß. Meine Drogerie hatte noch nicht einmal die speziellen Pflegeprodukte für Buis Haare im Sortiment. Wir veränderten so viel wie wir nur konnten. Wir abonnierten *Oprah* und *Jet* (Anmerkung der Übersetzerin: Magazine mit speziell afroamerikanischen Inhalten), *Time* und *Good Housekeeping*. Wir besuchten schwarze Gemeinden, in denen wir schwarze Veranstaltungen und schwarze Redner kennenlernten.

Wir hatten zwar Farbige im Freundes- und Bekanntenkreis, aber das hier war etwas ganz anderes. Zum ersten Mal lernten wir Farbige in einem farbigen Kontext kennen. Geschichte, Politik, Religion und Wirtschaft hörten wir auf eine ganz neue Art, und wir merkten, wie viel wir bisher verpasst hatten. Was ich jetzt schreibe, kann leicht falsch verstanden werden, und wenn Sie es lesen, höre ich die afroamerikanische Welt hoffentlich noch ein bisschen besser. Folgendes lerne ich aus unserer Situation:

Das einem aufrichtig Lernenden entgegengebrachte Wohlwollen ist für diesen Belohnung und Ansporn genug, um auch weiter zuzuhören.

Wir verstehen unsere eigene Sprache erst dann richtig, wenn wir eine fremde Sprache lernen; und unsere Unfähigkeit, gegen die allgemeine Prägung der eigenen Kultur zu reden und zu handeln, verhindert intellektuell gute Leistungen in vielen anderen Bereichen.

Wenn mein wunderschöner, fünfjähriger, braunäugiger Joe einmal auch nur halb so viele Fehler macht wie seine drei blauäugigen Teenie-Brüder, wird er damit nicht problemlos durchkommen. Wenn er geschnappt wird oder wenn er in Schwierigkeiten gerät oder von anderen hineingezogen wird, kurzum, wenn er den Ärger bekommt, für den Teenager prädestiniert zu sein scheinen, wird er neben einer tiefen afroamerikanischen Glaubensgeschichte eine gute Portion eigenen Glauben brauchen, um die tödlichen Gefahren und Versuchungen der Rassendiskriminierung zu überstehen.

Obwohl wir so eng zusammenleben, hören wir einander nicht so, wie wir es eigentlich könnten. Auch meine eigenen Versuche, eine Kultur besser zu hören, verlaufen nicht ohne Störungen und Rückschläge. Aber dabei stoße ich auf immer mehr Menschen, die auch urplötzlich gewahr werden, wie viele Gespräche sie in ihrem Leben schon verpasst haben: *Wo war ich, als all das angefangen hat? Warum habe ich in der Schule nichts darüber gehört? Wissen wir das schon lange?* Ganze Welten von unbekannten Ideen hören wir zum ersten Mal, weil wir uns bewusst dafür entschieden haben, weil wir ihnen offen gegenübertreten. Unserem nationalen Zynismus über politisch korrektes Verhalten und Einüben multikulturellen Zusammenlebens liegen meines Erachtens zwei Probleme zugrunde:

Ein Problem der Überlieferung. Lange bevor wir uns entschieden haben, die wahren Fragen kultureller Ungerechtigkeit zu hören, wurden uns schon die Antworten beigebracht. Diese werden nicht hinterfragt und resultieren in einem Verhalten der Anpassung. Wir verspüren größtenteils kein echtes Bedürfnis nach einem Verstehen, das scheinbar vorgegebene kulturelle Grenzen überwindet.

Kein Lehrplan und kein Seminar kann die Kraft ersetzen, die in einer bewussten Entscheidung oder in einem ausgeprägten Wissensdurst steckt. Durch unabhängiges und ansteckendes Zuhören über kulturelle Grenzen hinweg kann das Bedürfnis nach Verstehen wachsen – bei uns und anderen.

Und ein Problem mit der Auffassung. Wir ersparen uns die Mühe, echte Kulturtheorie zu lernen, indem wir die „Ich"-Karte ausspielen und damit protestieren: *Jeder Mensch ist ein Individuum, und wenn wir über Geschlecht, Rasse oder Kultur sprechen, reduzieren wir Individuen auf Typen.* Ein Standpunkt, der zwar bequem ist, einem zweiten Blick aber nicht standhält. Je mehr wir nämlich über Werte und Geschichte anderer Kulturen lernen, desto besser können wir die Individuen in diesen Kulturen hören. Wir hören nicht nur Individuen, wir hören persönliche Geschichten. Die Fähigkeit, uns diese Geschichten vorzustellen, unabhängig davon, ob sie der unsrigen ähneln oder nicht, ist ein erster, höchstwahrscheinlich verunsichernder Schritt auf unserem Weg, diese Geschichten auch wirklich zu hören.

Der Entschluss, unternehmensübergreifend zu hören

Forschungen zeigen, dass Unternehmensbosse auf ihrem Weg nach oben Kultur und Sprache verändern. Häufig verlieren sie die Fähigkeit zu hören – nicht nur das Feedback von Kollegen und Mitarbeitern, sondern die echten Stimmen, Sehnsüchte und Sprachen, die zu dem Umfeld gehören, in dem sie ihre leitende Position ausüben.

Ein Vorstandsvorsitzender kennt das Leitbild seines Unternehmens, aber er kann nicht hören, wie es auf den unteren Mitarbeiterebenen durch Frustration und Fehlentwicklungen verwässert wird. Sein Gehörverlust verläuft nicht nur vertikal, sondern auch horizontal. Was wäre, wenn die Fakultät einer Universität die täglichen Herausforderungen der Zulassungsabteilung hören könnte? Was wäre, wenn die Personalabteilung das wüsste, was der neue Geschäftsbereich weiß? Was, wenn das Management wüsste, was die Wartung weiß? Macht hat einen Preis, der häufig nicht mit einkalkuliert wird: Sie verschüttet den Zugang zu vorher leicht erreichbaren Quellen, an denen wir das hören, was wir wissen müssen.

Schlechte Nachrichten hören ...

Es gibt unzählige Beispiele von Führern, die schlechte Nachrichten nicht gehört haben – von George Custer bis zu Arthur Anderson. Offenbar müssen wir Gewohnheiten entwickeln und vertrauenswürdige Kanäle schaffen, durch die wir das hören und erfahren, was wir im ersten Moment nicht gerne hören: Ist meine Vision noch klar? Habe ich mein Ego im Griff? Lasse ich mich durch Unwesentliches ablenken? Übersehe ich Warnsignale? Trete ich jemandem auf die Füße? Halte ich Versprechen ein?

Schlechte Nachrichten gibt es immer, und es ist kein Wunder, dass wir sie nicht hören wollen. Wir werden andere immer enttäuschen. Leiter wie Mitarbeiter empfinden die Diskrepanz zwischen der Hoffnung, ein perfekter Leiter zu sein bzw. einen perfekten Leiter zu bekommen, und der Realität.

Gemeinsam müssen wir kontinuierlich neu definieren, was ein „ausreichend guter Leiter" ist. Wenn wir lernen zu hören und schlechte Nachrichten als Teil des ständigen Umgangs mit eigenen Unzulänglichkeiten und Enttäuschungen zu sehen, werden entsprechende Auseinandersetzungen weniger heftig und damit normaler werden. Beide Achsen im „Koordinatensystem Management" können zu dem Prozess beitragen, einen „ausreichend guten Leiter" zu formen. Wir werden innerlich wachsen und unsere Kompetenz wird spürbar – wenn wir uns immer wieder entscheiden, diese „schlechten Nachrichten" (als kostenloses Coaching sozusagen) zu hören.

... und gute

Wir müssen lernen, über Autoritätsebenen und Verantwortungsbereiche hinweg gute Nachrichten zu hören; das ist ebenso wichtig wie das Hören schlechter Nachrichten. Die zunehmend detaillierte Strukturierung von Arbeitsplätzen in unserer auf reinem Wissen basierenden Wirtschaft und die immer stärkere Zersplitterung der Gesellschaft außerhalb des Arbeitsplatzes erschweren allerdings das Hören von guten Nachrichten.

Unsere moderne Gesellschaft hat die Fesseln der patriarchalen Autorität gegen die neue Tyrannei der Geschwisterrivalität eingetauscht. Wir hören nicht länger dieselbe Musik, tragen nicht länger dieselben Kleider und schauen uns im Kino nicht mehr dieselben Filme an. Das führt zu der skurrilen Situation, dass ein Vierundzwanzigjähriger zwar über dasselbe Problem spricht, mit dem sich auch sein sechsundvierzigjähriger Kollege herumschlägt, sie sich aber nicht helfen können, weil sie gar nicht bemerken, dass sie auf demselben Weg sind.

Echtes Hören resultiert immer in Veränderung. Und Veränderung ist zunächst einmal beunruhigend. Aber nur, wenn wir uns mit diesem Beunruhigenden auseinandersetzen, werden wir letztlich Raum für Wachstum schaffen können.

Wenn wir uns nicht bewusst für einen anderen Weg entscheiden, wird auch weiter vieles von dem an uns vorbeigehen, was wir hören. Sind aber die Sprecher mutig, der Resonanzboden intakt und die Melodien opulent und vielfältig, kann Hören und Sprechen zu einem herrlichen Zyklus werden, hinter dem alles verblasst, was die Stille jemals hervorbringen könnte.

ANHANG 3

Frauen und Männer im Leitungsdienst: Stellungnahme der Willow Creek Community Church

Nach unserer festen Überzeugung lehrt die Bibel, dass Gott Männer und Frauen gleich und als sein Ebenbild geschaffen hat (1. Mose 1,27). Gott will, dass sie eins sind und eine enge Verbindung eingehen, Gemeinschaft miteinander haben (1. Mose 2,23-24) so wie Vater, Sohn und Heiliger Geist in der Dreieinigkeit. Frau und Mann hatten jeweils eine direkte Beziehung zu Gott und teilten sich die Verantwortung, die Erde zu bevölkern und über die Schöpfung zu herrschen (1. Mose 1,26-28).

Der Sündenfall erschütterte jedoch das menschliche Einssein. Der Kampf um Macht und der Wunsch, über andere zu herrschen, sind Folgen menschlicher Sünde.

1. Mose 3,16 ist eher Vorausschau auf die Konsequenzen des Sündenfalls als Beschreibung einer idealen Ordnung nach Gottes Vorstellungen.

In Christus bietet Gott dem Menschen jedoch Erlösung an, verbunden mit der Möglichkeit, Teil der neuen Gemeinschaft zu werden, der Gemeinde.

Vater und Sohn sind eins (Johannes 17,11.20-23), und Gott möchte, dass auch seine Kinder dieses Einssein erfahren. Das bedeutet, dass alte Aufteilungen und Hierarchien zwischen Geschlechtern und Rassen in der Gemeinde nicht toleriert werden, denn hier sind alle „eins in Christus Jesus" (Galater 3,28).

Bei der Gründung der Gemeinde zum ersten Pfingstfest wurde der Heilige Geist sowohl auf Frauen als auch auf Männer ausgegossen, so wie es lange vor der Geburt Christi prophezeit worden war (Joel 3,1; Apostelgeschichte 2,18). Im Neuen Testament nehmen Frauen wie Männer prophetische und priesterliche Aufgaben wahr (Apostelgeschichte 2,17-18; 1. Korinther 11,4-5; 1. Petrus 2,9-10).

Darüber hinaus lässt der Heilige Geist allen Mitgliedern der neuen Gemeinschaft Gaben zuteilwerden. Dies geschieht in absoluter Freiheit und ohne Vorzugsbehandlung eines bestimmten Geschlechts (Apostelgeschichte 2,1-21; 1. Korinther 12,7-11). Jede/r Gläubige soll seine/ihre Gaben zum Wohl des Leibes Christi einsetzen (Römer 12,4-8; 1. Petrus 4,10-11). Wer Gläubige davon abhält, behindert das Wirken des Heiligen Geistes.

Bei allen Versuchen, angemessene Beziehungen zwischen den Geschlechtern im Leib Christi zu verstehen und konkret zu gestalten, ist der in der Bibel ausgedrückte Wille Gottes für uns höchste Autorität.

Vereinzelte Bibeltexte scheinen die Möglichkeiten von Frauen einzuschränken. Die Interpretation dieser Passagen muss den Zusammenhang zur umfassenden biblischen Lehre und den speziellen Kontext berücksichtigen. Unserer Überzeugung nach lehrt die Bibel, wenn sie ganzheitlich interpretiert wird, die absolute Gleichheit von Mann und Frau bezüglich Status, Geistesgaben und Möglichkeiten zum Dienst für das Reich Gottes.

Daher verpflichten wir uns in unserem Bemühen, als eine nach biblischen Grundsätzen funktionierende Gemeinschaft zu leben, auf folgende Werte:

Möglichkeiten zum Dienst zu schaffen, die sich an Gaben und Charakter orientieren und nicht am Geschlecht.

In Beziehungen nach der Reinheit und Loyalität zwischen den Geschlechtern zu streben, die die Autoren des Neuen Testaments veranlasste, auf einen Begriff aus dem Familienleben zurückzugreifen: „Brüder und Schwestern".

Im Sprachgebrauch so sensibel zu sein, dass Männlichkeit und Weiblichkeit gemäß den Vorstellungen Gottes geehrt und wertgeschätzt werden, und zum Gebrauch von Bibelübersetzungen zu ermutigen, die korrekt darstellen, was Gott von seiner Gemeinde fordert: eine Gemeinschaft zu sein, die niemanden ausschließt.

In angemessenem Rahmen bewusst zur Überwindung sexistischer Elemente in unserer Kultur beizutragen und Frauen dort zu ermutigen, wo ihre Begabungen von jeher kleingemacht und nicht anerkannt werden.

Diese Werte den Menschen unserer Stadt, den Mitgliedern der Gemeinde und der Welt im Allgemeinen zu vermitteln und vorzuleben.

Zur ausführlicheren Auseinandersetzung mit dem Thema und den biblischen Schlüsseltexten empfehlen wir:

Beyond sex roles, Gilbert Bilezikian,
Du bist stärker, als du denkst!: Lebensherausforderungen für Frauen und die Männer, die sie lieben, Ruth Haley Barton,
Equal to Serve, Gretchen Hull,
Paul. Women. Wives, Craig Keener,
The New Reformation, Greg Ogden,
Beyond the Curse, Aida Spencer.

Anhang 4

Häufig gestellte Fragen

Ich habe eindeutige Leitungsgaben, mein Mann aber nicht. Wie funktioniert das in einer Ehe?
Menschen, die meinen Mann näher kennen, beschreiben ihn als jemanden mit starkem Einfluss, und er hat auch in unserer Gemeinde schon unterschiedliche Dienstbereiche geleitet. Allerdings würde er „Leitung" nicht ganz oben auf seine Gabenliste setzen. Warren denkt strategisch, kann gut analysieren und verarbeitet Informationen ganz anders als ich. Ich will immer schnell zu Lösungen oder Entscheidungen kommen und muss aufpassen, dass ich dabei nicht manipuliere bzw. meine Macht, die ich als Leiterin ja habe, nicht so ausspiele, dass ich meinen Willen auf jeden Fall durchsetze.

Wie also umgehen mit der traditionellen christlichen Überzeugung, dass der Mann das „Haupt der Familie" ist? Muss er bei allen Entscheidungen die letzte Instanz sein? Dieses sensible Thema wird unterschiedlich betrachtet. Ganz am Anfang unserer Ehe habe ich *Heirs Together: Mutual Submission in Marriage* von Patricia Gundry (Zondervan 1980) gelesen. Ich bin zu der Auffassung gekommen, nach dem biblischen Bild müssen sich Mann und Frau in Christus einander unterordnen. Warren und ich bemühen uns, einander zuzuhören und zu einvernehmlichen Entscheidungen zu kommen. In unserem Bild von Ehe ist kein Raum für die Vorstellung, dass einer von beiden stets gewinnt oder einsame Entscheidungen trifft. Wir versuchen, nach Gebet und konstruktivem Austausch unsere Entscheidungen gemeinsam zu fällen. Soweit ich mich erinnern kann, hat Warren nicht ein einziges Mal gesagt: „Ich bin als Mann das Haupt der Familie, und wir machen es so, wie ich es sage."

Für mich war es schon eine Herausforderung, mit einem

Mann verheiratet zu sein, der kein natürlicher Leiter ist. Eigenschaften wie Demut, Freundlichkeit, Sanftmut und Selbstbeherrschung zeigen sich bei mir nur, wenn ich regelmäßig den Heiligen Geist ans Werk lasse. Warren hat mich stets darauf aufmerksam gemacht, wenn ich mal wieder manipuliert oder nicht konsequent durchgegriffen habe. Dadurch habe ich in meinem häuslichen Umfeld viel gelernt, und das hat sich auch auf meinen Dienst als Leiterin ausgewirkt, in dem ich es ja auch häufig mit Menschen zu tun habe, die sich selbst nicht als Leiter sehen.

Als junge Frau fange ich mit meinem Leitungsdienst in der Gemeinde gerade erst an. Was unterscheidet Ihrer Meinung nach meine Situation von den Themen, mit denen Sie sich vor zehn oder fünfzehn Jahren auseinandersetzen mussten?
Sicherlich ist jede Situation anders, aber ich habe den Eindruck, dass in den meisten Gemeinden trotz mancher Fortschritte noch sehr viel passieren muss, damit Frauen ihre Gaben umfassend einsetzen können. Die Gemeindekultur braucht normalerweise immer sehr lange, bis einschneidende Veränderungen zum Tragen kommen. Das gilt besonders für Themen, bei denen unter treuen Gemeindemitgliedern unterschiedliche biblische Interpretationen kursieren, und dort, wo an Traditionen festgehalten wird. Es gibt einige dynamische Gemeinden, in denen Männer wie Frauen ohne viel Aufhebens leiten und lehren dürfen, und darüber freue ich mich sehr. Wer die entsprechenden Gaben und die nötige Unterstützung hat, kann sich voll und ganz für den Gemeindedienst einsetzen.

Wenn Sie ganz am Anfang Ihres Engagements in der Gemeinde stehen, möchte ich Ihnen ans Herz legen, sich genau anzuschauen, welche Möglichkeiten Frauen eröffnet werden. Gibt es schriftliche Erklärungen zu Geschlechterfrage und Leitungsdienst in dieser Gemeinde und/oder der Denomination, zu der sie gehört? Wenn ja, lesen Sie sich diese Dokumente genau durch. In einigen Gemeinden entspricht die Realität nicht dem, was zuvor schriftlich festgehalten wurde. Wie wird in Ihrer Gemeinde gelehrt? Wie geht man mit dem Thema „Frauen im Leitungsdienst" um? Wird überhaupt darüber gesprochen? Wie reden männliche Lehrer und Leiter über und mit Frauen? Geschieht Leitung und Lehre von Frauen für die ganze Gemeinde, oder werden sie auf Frauengruppen und/oder Arbeit mit Kindern beschränkt? Gibt es für haupt- und ehrenamtliche Teams mit männlichen Mitarbeitern weibliche Leiter?

Gandhi hat einmal gesagt: „Sei du selbst die Veränderung, die du dir wünschst für diese Welt." Ihnen als junge Leiterin möchte ich daher mit auf den Weg geben: Nutzen Sie jede Gelegenheit, in Ihrer Gemeinde zu leiten, egal wie groß das Team oder wie zahlreich die Zuhörer. Zeigen Sie in allem, was Sie tun, Authentizität, Freundlichkeit, Weisheit, Charakter und höchste Qualität. Möge Gott Ihnen so viele Türen wie möglich öffnen, und mögen andere (Männer und Frauen) Ihren Leitungsdienst als völlig selbstverständlich betrachten und davon profitieren.

Ich habe eine leitende Position inne, aber einer meiner Mitarbeiter zeigt häufig offenen Widerstand gegen meinen Leitungsdienst. Wie soll ich damit umgehen?
Im Idealfall kann so eine Situation vermieden werden, wenn die übergeordnete Leitungsebene den Standpunkt der Gemeinde zum Thema „Frauen im Leitungsdienst" ganz klar vermittelt, bevor jemand eingestellt wird. In unserer Gemeinde bringen die Ältesten in jedem Vorstellungsgespräch unsere Befürwortung von männlichen wie weiblichen Leitern zur Sprache. Kann jemand mit einer weiblichen Vorgesetzten nicht respektvoll umgehen oder lehnt Lehre von einer Frau ab, wird er oder sie nicht eingestellt. Es ist immer das Beste, Erwartungen im Vorfeld zu klären.

Häufig finden solche Gespräche aber gar nicht erst statt, und einige Gemeinden erleben schwierige Phasen, wenn Frauen Positionen einnehmen, die vorher mit Männern besetzt waren. Im „Alltagsgeschäft" des Gemeindedienstes führen tief verankerte

Ansichten zu schwierigen Bibeltexten und althergebrachte Traditionen zu Spannungen und Ressentiments. Zunächst einmal muss in einem offenen Gespräch mit diesem Mann das Thema auf den Tisch kommen. Versuchen Sie, gemeinsam mit ihm die Gründe für sein Verhalten herauszufinden, und hören Sie ihm aufmerksam zu. Wahrscheinlich hat er in der Vergangenheit Dinge erlebt, die seine heutige Einstellung, vielleicht sogar seine Abneigung gegen Frauen in Leitungspositionen erklären. Sollte sich sein Verhalten nicht ändern, suchen Sie sich Unterstützung. Sollte es nötig sein, beraumen Sie ein weiteres Gespräch an, zu dem Sie eine dritte Partei hinzubitten (Ihren Vorgesetzten oder einen der Ältesten). Handelt es sich um einen hauptamtlichen Mitarbeiter, fertigen Sie ein schriftliches Protokoll der Gespräche an.

Ich habe die Erfahrung gemacht, dass die meisten Männer, die Schwierigkeiten mit Leiterinnen haben, ihren Standpunkt relativ bereitwillig ändern, wenn sie erleben, dass ihre schlimmsten Befürchtungen sich nicht bewahrheiten. Wenn Sie Ihren männlichen Teammitgliedern zeigen, dass Sie für sie da sind und dass es Ihnen nicht um Macht oder Dominanz geht, werden sie Ihnen eine Chance geben.

Bei den wenigen, die sich verweigern, machen Sie sich klar, dass es nicht um Sie persönlich geht, sondern um einen eher allgemeinen Standpunkt, den diese Männer einfach nicht verändern wollen. In diesem Fall werden Ihre Vorgesetzten Sie hoffentlich unterstützen, und der betreffende Mann wird das Team verlassen müssen. Vielleicht führt die unterschiedliche Sichtweise sogar dazu, dass er die Gemeinde verlässt.

Wie wichtig sind Titel? Soll ich darum kämpfen, denselben Titel zu bekommen wie Männer, die eine ähnliche Position bekleiden?

Ich kenne Gemeinden, in denen eine Frau dieselbe Arbeit tut wie ein Mann, sich aber nicht Pastorin nennen darf, sondern Titel wie Direktorin oder Ähnliches verliehen bekommt. Man mag mich für kleinkariert halten, aber ich glaube schon, dass

Titel wichtig sind, denn sie definieren Rolle und Verantwortungsbereich eines Menschen. Hat eine Frau einen ähnlichen Aufgabenbereich wie ein männlicher Kollege, aber einen völlig anderen Titel, könnten Außenstehende vermuten, dass auch bei der Leitungsautorität Unterschiede bestehen.

Titel, Gehälter und Lage sowie Ausstattung von Büros können für ein Team Auslöser sein, sich intensiver mit dem Thema „Frauen im Leitungsdienst der Gemeinde" zu beschäftigen. Entscheidungen über Titel, Gehalt und Büro machen rasch deutlich, wie tatsächlich über die Geschlechterfrage gedacht wird, und dann wird das Thema sehr schnell sehr konkret. Diese praktischen Fragen (die wir natürlich als eigentlich nicht entscheidend ansehen wollen) resultieren – die nötige Weisheit vorausgesetzt – in tief gehenden Gesprächen, die auf jeden Fall stattfinden müssen. Eine Gemeinde, die ihre bisher zu einseitige Sicht zu Frauen im Leitungsdienst verändern will, wird dafür Zeit brauchen – und einige dieser Veränderungen könnten sich als in der Realisierung äußerst schwierig herausstellen. Wenn es um so praktische Fragen wie Titel geht, werden männliche Leiter entdecken, ob sie auch wirklich meinen, was sie zu diesem Thema sagen.

In Gemeinden, die eine eher konservative oder traditionelle Sicht vertreten, wird es für gleiche Aufgabenbereiche wohl auch weiterhin unterschiedliche Titel geben. Einer Frau, die die gleiche Verantwortung trägt wie ein Mann, die die gleiche Arbeit tut (aber wahrscheinlich weniger Geld dafür bekommt, wenn es sich um Hauptamtliche handelt), wird es sehr viel schwerer fallen, trotzdem mit Freude und Demut zu dienen. Fragen Sie sich regelmäßig, ob Sie wirklich das tun, wozu Gott Sie berufen hat. Lautet die Antwort „Ja", wird Gott Ihnen auch die nötige Kraft geben, damit Sie Ihre Aufgabe treu erfüllen können. Aber halten Sie keine unbefriedigende Situation aus, nur weil Sie Angst vor schwierigen Fragen haben. Vielleicht will Gott gerade Sie als Motor zur Veränderung gebrauchen.

Wie kriege ich die Fülle an Aufgaben unter einen Hut – Gemeindedienst, Familie, Haushalt, Freunde, Stille, Sport und Alltagsdinge wie den Ölwechsel am Auto und Zahnarzttermine?
Mein Mann und ich sagen häufig im Scherz, dass in unserem Haushalt eigentlich ein dritter Erwachsener fehlt – ein Butler oder eine Haushälterin. Wenn wir all das tun würden, was wir tun sollten, bliebe keine Zeit mehr zum Schlafen (und wenn man Fachleuten glauben kann, dann brauchen wir mindestens acht Stunden Nachtruhe). Die Gestaltung von Leben – und Alltag – beginnt also damit, dass wir unsere Erwartungen der Realität anpassen und uns besonders in bestimmten Lebensphasen nicht zu viel abverlangen.

Das erste Jahr nach der Geburt unserer zweiten Tochter war im Hinblick auf Beruf und „Familienmanagement" das schwierigste Jahr unserer Ehe. Mit einer Vierjährigen und einem Säugling, Gemeindedienst und Alltag bewegten wir uns ständig an der Grenze der Belastbarkeit. In einem offenen Gespräch merkten wir, dass wir irgendwie nicht mehr im gleichen Team spielten. Hatte sich einer von uns eine halbe Stunde kostbare Freizeit freigeschaufelt, kam vom anderen die spitze Bemerkung: „Wieso bist du joggen gegangen? Ich hab das die ganze Woche nicht geschafft!", „Wieso triffst du dich mit Freundinnen? Ich habe meine Freunde seit Wochen nicht gesehen". Eines Tages erledigte ich den Wocheneinkauf im Supermarkt extra langsam, während Warren mit den Kindern zu Hause war, weil ich einfach so dringend Zeit für mich brauchte – so dramatisch war unsere Situation.

Als wir merkten, wie absurd das alles war und dass dieses ungesunde Verhalten keinem von uns nützte, entschieden wir nach einem langen Gespräch, dass wir wieder ein Team werden wollten. Wir nahmen uns vor, uns gegenseitig zu unterstützen, und so die Situation für beide zu verbessern. Wir führten „Terminbesprechungen" ein, die Warren heute noch fürchtet, obwohl er natürlich weiß, dass wir uns ohne sie zu viel aufladen und unser Leben damit zu stressig machen.

Lesen Sie doch ab und zu noch einmal Kapitel 5 und denken Sie daran, dass wir nicht alles haben können … und schon gar nicht alles auf einmal. Im Laufe der Jahre habe ich meine Ansprüche bezüglich Hausputz, Treffen mit Freundinnen oder weiterem ehrenamtlichem Engagement immer wieder an die Realität angepasst. Die Herausforderungen für Singles oder Ehepaare ohne Kinder mögen anders gelagert sein, aber auch ihr Leben ist komplex und schwierig zu managen. Alleinerziehende Mütter sind für mich die absoluten Heldinnen, und ich hoffe, Sie gehen mit sich selbst mehr als gnädig um.

Ich gehöre zu einer Gemeinde (und Denomination), die zum Thema Frauen in Leitung und Lehre eine eher konservative Haltung einnimmt. Was kann ich tun, damit die Leiter der Gemeinde diese Position überdenken? Oder soll ich aufgeben und mir eine andere Gemeinde suchen, in der ich meine Gaben ungehindert einsetzen kann?
Am Ende von Kapitel 2 (Seiten 40 ff.) beschreibe ich, was ich einer Frau in einem ähnlichen Dilemma raten würde. Dazu noch einige zusätzliche Gedanken.

Solange Menschen, die Gott und ihren Glauben ernst nehmen, nicht die schwierigen Gespräche wagen, die Veränderung in Gang setzen, so lange wird sich auch nichts verändern. Dafür braucht man natürlich Mut und Zeit. Machen Sie zunächst einmal Ihre Hausaufgaben. Haben Sie die Position Ihrer Gemeinde zur Geschlechterfrage und Gaben von Leitung und Lehre wirklich verstanden? Studieren Sie eventuell vorhandene schriftliche Statements sehr sorgfältig und beobachten Sie genau, was sich im Gemeindealltag abspielt. Die Kultur einer Gemeinde wird in hohem Maße von den persönlichen Ansichten des Hauptpastors geprägt. Machen Sie sich also mit diesen Ansichten vertraut.

Danach beginnt die Phase der „Einladung zum Dialog“: Bitten Sie die entsprechenden Personen um ein Treffen. Abhängig von Ihrer individuellen Situation sind das vielleicht die Ältesten oder Diakone, vielleicht leitende (hauptamtliche) Mitarbeiter und natürlich der Pastor. Stellen Sie gute Fragen, um noch einmal sicherzustellen, dass Ihr Eindruck vom Standpunkt der Gemeinde stimmt.

Entwerfen Sie ein hypothetisches Szenario, um festzustellen, ob für Frauen mit der Gabe von Leitung und Lehre Grenzen bestehen, und wenn ja, welche. Solch ein Szenario könnten Sie zum Beispiel folgendermaßen vorstellen: „Wäre es vorstellbar, dass in dieser Gemeinde eine Frau Hauptpastorin, Älteste oder auch Zweitpastorin wird?" Fragen Sie dann, ob überhaupt Offenheit besteht, den aktuellen Standpunkt zu überdenken.

Lesen Sie entsprechende Bücher. Sammeln Sie Beispiele von Gemeinden, die diesem Thema anders gegenüberstehen und die einschlägigen Bibelstellen anders interpretieren. Vielleicht haben Sie Zugang zur vierteiligen Predigtreihe „What the Bible Says about Men and Women" (s. Zusatzmaterial, S. 185) von John Ortberg. Hören Sie sie sich an. Fassen Sie wichtige Kapitel aus verschiedenen Büchern zusammen, und lesen Sie in diesem Buch noch einmal Kapitel 7.

Sie werden einen langen Atem brauchen. In den meisten Gemeinden dauert dieser Prozess vom ersten Gespräch bis zur konkreten Veränderung viele Monate, manchmal sogar Jahre. Bitten Sie den Heiligen Geist um Leitung, damit klar wird, wann Sie den Prozess vorantreiben und wann Sie sich vorübergehend zurückziehen sollen. Es wird Ihnen daran gelegen sein, die „Wahrheit immer in Liebe zu sagen" und harsche, beleidigende oder verleumderische Worte zu vermeiden. Üben Sie selbst den Respekt, den Sie sich für Ihre Position wünschen!

Vielleicht gebraucht Gott Sie in Ihrer Gemeinde oder Denomination als den Stein, der Veränderungen ins Rollen bringt. Vielleicht sind Sie am Ende aber auch völlig frustriert. Der Heilige Geist kann Sie zu jedem Zeitpunkt so leiten, dass Sie in eine andere Gemeinde wechseln, in der der Kampf nicht ganz so schwierig ist. Welchen dieser Wege Gott für Sie bereithat, kann Ihnen niemand sagen. Aber ich bin ganz auf Ihrer Seite, möchte

Ihnen Mut machen und weiß: Wenn Sie auf Gottes Stimme achten und mutig dem gehorchen, was Sie gehört haben, werden Sie Segen erfahren.

Meine Tochter zeigt klare Anzeichen einer Leitungsgabe. Was würden Sie mir raten?

Bei allen Begabungen, die unsere Kinder zeigen, ist es unsere Aufgabe, sie zu bestätigen und zu fördern. Schauen Sie Ihrer Tochter in die Augen und sagen Sie ihr, was Sie in ihr sehen. Benennen Sie die Gabe von Leitung oder Lehre ganz klar und machen Sie deutlich, dass diese Gaben ein Segen Gottes sind. Beobachten Sie genau, wie Ihre Tochter diese Gaben einsetzt, und besprechen Sie das mit ihr: „Mir ist aufgefallen, wie du bei deinem Geburtstag heute mit deinen Freunden umgegangen bist. Du hast dich wirklich bemüht, niemanden auszuschließen. Das war Leitung ‚in Aktion'." Wenn sie älter wird, können Sie ihr vermitteln, dass mit diesen Gaben auch eine große Verantwortung verbunden ist.

Über die unterschiedliche Sozialisation von Jungen und Mädchen durch ihre Eltern und die Auswirkungen auf Berufswahl und Verhalten ist viel geschrieben worden. Zu meiner großen Freude lernen wir aber, dass auch Mädchen exzellente Sportlerinnen sein können (so wie meine Töchter) oder Erfolge feiern in Wissenschaft oder Politik oder jedem anderen Bereich, für den sie sich entscheiden.

Ihre Tochter sollte Frauen erleben, die in einer Vielzahl von Situationen und Berufsfeldern Leitungsfunktionen ausüben. Die bewusste Wahl einer Kinderärztin oder einer Sporttrainerin könnte hilfreich sein. Falls in Ihrer Gemeinde Frauen nicht leiten oder lehren, besuchen Sie mit Ihrer Tochter ab und zu eine Gemeinde, in der das möglich ist. Sie sind diejenige, die die Vision vermittelt! Ermutigen Sie sie dazu, Zukunftsträume zu entwickeln, in denen sie ihre Gaben auf die unterschiedlichsten Arten einsetzt.

Weisen Sie Ihre Tochter (sachlich, ohne Verbitterung) auf

Situationen hin, in denen Mädchen anders behandelt werden als Jungs, und bringen Sie ihr bei, in welchen Fällen diese unterschiedliche Behandlung ungerecht ist. Dafür eignen sich Fernsehsendungen, die bestimmte Klischees bedienen, oder Zeitschriften, in denen Mädchen ein unrealistisches Bild ihres Körpers vermittelt wird.

Fragen Sie Ihre Tochter, wie sie sich in der Schule am Unterricht beteiligt und ob sie ihre Intelligenz oder bestimmte Fähigkeiten hinter dem Berg hält. Geben Sie ihr Biografien von bemerkenswerten Frauen zu lesen, die viel Stoff zur Inspiration bereithalten.

Als meine Töchter begannen, sich für Kunst zu interessieren und auch entsprechenden Kunstverstand zeigten, habe ich ihnen häufig von meinen Erfahrungen als Leiterin des Künstlerteams berichtet. Um ihren Instinkt zu schärfen, haben wir uns nach Gottesdiensten darüber ausgetauscht, was funktioniert hat und was an den Bedürfnissen der Gemeinde vorbeigeplant war. Wir gehen häufig ins Theater, um Ideen zu sammeln und vom Beispiel anderer zu lernen. Wenn ich predige, bitte ich meine Töchter um ihr Feedback. So kann ich von ihren Rückmeldungen profitieren und fördere gleichzeitig ihre Kommunikationsfähigkeiten.

Sollte der Vater Ihrer Tochter eine Rolle in Ihrem Leben spielen, trägt er entscheidend zu ihrem Selbstbild und Selbstvertrauen bei. Ich freue mich immer, wenn mein Mann sich als Sporttrainer unserer Töchter engagiert, weil er eine ganz andere Seite in ihnen weckt und sie zu gesunder Konkurrenz und Aggressivität ermuntert.

Eltern kann es sehr schwerfallen, nicht ständig Kontrolle auszuüben oder Kinder nicht in eine bestimmte Form zu pressen. Über die Zukunft meiner Töchter wage ich keine Prognosen. Ich weiß nicht, ob sie heiraten und Kinder bekommen werden. Wichtig aber ist mir, dass sie wissen, dass ihr Leben auch unabhängig von den sich ergebenden Umständen reich und befriedigend sein kann.

Das Beste, was Sie für Ihre Tochter tun können, ist, ihr einen Leitungsdienst vorzuleben, der sich in allem an Gott orientiert. Keine von uns schafft das perfekt, aber immer, wenn Ihre Tochter Sie in Aktion erlebt, wenn sie sieht, dass Sie Ihre Gaben mit Leidenschaft und der nötigen Sorgfalt einsetzen, wenn sie versteht, dass das Glück Ihres Lebens nicht alleine an Ihrem Muttersein hängt (obwohl das natürlich ein großes Glück ist), wird sie sich zunehmend freier fühlen, so zu werden, wie Gott sich das für sie vorstellt. Geben Sie Fehler offen zu, stehen Sie zu Ihrem Frust, und täuschen Sie nicht krampfhafte Lockerheit vor, wenn Sie gestresst sind. Ihre Tochter muss Sie nicht als Superstar sehen, sondern nur als Frau, die ihr Bestes gibt. Und eines Tages (so sagt man mir) wird sie aufstehen und Sie als Gesegnete bezeichnen.

Anmerkungen

1. Anna Fels, *Necessary Dreams* (New York: Pantheon, 2004), 193.
2. Dr. Henry Cloud, *Charakter gefragt* (Gießen, Basel: Brunnen Verlag, 2010).
3. Amy Poehler, zitiert in Maureen Ryan „Tina Fey's climb to the top of the comedy heap" (Tina Feys Aufstieg zum Comedy-Olymp), *Chicago Tribune*, 30. September 2007.
4. Anna Fels, *Necessary Dreams* (New York: Pantheon, 2004), 19.
5. Dr. Sarah Sumner, *Men and Women in the Church* (Downers Grove: InterVarsity, 2003), 74.
6. Melinda M. Marshall, *Good Enough Mothers* (Princeton, N.J.: Peterson's 1993), 91.
7. Marshall, *Good Enough Mothers*, 47.
8. Donna St. George, *Hey, Mom, you are doing fine, study says*, Chicago Tribune, 21. März 2007.
9. Dr. Henry Cloud und Dr. John Townsend, *Liebevoll Grenzen setzen: durch Liebe und Konsequenz zur Selbständigkeit erziehen* (Asslar: Schulte und Gerth, 2001).
10. Jane Stephens, „The Rhetoric of Women's Leadership: Language, Memory and Imagination", *Journal of Leadership and Organizational Studies* 9, Nr. 3 (2003), 45 – 60.
11. Jane Stephens und Stephen Zades, *Mad Dogs, Dreamers and Sages: Growth in the Age of Ideas* (New York: Elounda Press, 2003), 92.
12. Ebd., 94.
13. Frederick Buechner, *Now and Then* (San Francisco: Harper & Row 1983), 87, 92.
14. Parker Palmer, *The Courage to Teach: Exploring the Inner Landscape of a Teacher's Life* (San Francisco: Jossey-Bass, 1998), 17.

15. Craig Blomberg, *Two Views on Women in Ministry*, (Grand Rapids: Zondervan, 2007), 123.
16. Dan Kimball, *They Like Jesus But Not the Church* (Grand Rapids: Zondervan, 2007), 115.
17. Dr. Lois P. Fankel, *See Jane Lead*, (New York: Warner Business, 2007), 20.
18. Ebd., 20.
19. Betsy Cohen, *Der ganz normale Neid*, (München: Dt. Taschenbuch-Verlag, 1995).
20. Zitiert ebd.
21. Zitiert ebd.
22. Lynne Hybels, *Brave Mädchen verändern nichts*, (Asslar: Gerth Medien, 2006).
23. Lynette Lewis, *Climbing the Ladder in Stilettos*, (Nashville: Thomas Nelson 2006), 58.

Über die Autorin

Nancy Beach ist Referentin, Autorin, visionäre Leiterin und Kämpferin für Kunst und Künstler im gemeindlichen Rahmen.

Über zwanzig Jahre lang war sie Programmdirektorin der Willow Creek Community Church in der Nähe von Chicago, einer Gemeinde, die weltweit bekannt ist für Gottesdienste, die biblisch fundiert und kulturell relevant sind.

Kunst und Gemeindearbeit zu verbinden, Künstler so in die christliche Gemeinde einzubinden, dass sie mit ihren Gaben etwas bewegen können, ist ihr Herzensanliegen, und als Leiterin hat sie mit allen Aspekten von Kunst zu tun gehabt: Lobpreis, Musik, Theater, Tanz, Fotografie, Produktion, Video und Design.

Zwanzig Jahre lang war Nancy außerdem Lehrpastorin in Willow Creek und arbeitete als stellvertretende Leiterin für den Bereich Kunst bei der Willow Creek Association, einer gemeinnützigen Organisation mit 12 000 Mitgliedsgemeinden aus mehr als neunzig Denominationen in fünfunddreißig Ländern.

Sie steht für Unterstützung von Leitern und deren Teams nicht nur in der eigenen, sondern auch in anderen Gemeinden – in den USA und weltweit – sowie für Netzwerkarbeit. So schafft sie eine Gemeinschaft von gläubigen Künstlern, die in den Gottesdiensten ihrer Gemeinde bewegende und verändernde Momente schaffen und damit Gott dienen.

Als gefragte Rednerin für Konferenzen setzt Nancy ihre Gabe der Lehre ein, um zu inspirieren, zu motivieren und eine Vision zu vermitteln. Dabei spricht sie so gekonnt über geistliche Veränderung, dass ihre Zuhörer sich darin wiederfinden und in ihren persönlichen Erfahrungen ernst genommen wissen. In ihrem ersten Buch *An Hour on Sunday* beschreibt Nancy, auf welcher Vision und welchen Werten sich effektiv arbeitende Künstlerteams gründen sollten.

Mit zwei Töchtern und einer Katze namens Elphaba leben Nancy und ihr Mann Warren in der Nähe von Chicago.